カルチョの休日

イタリアのサッカー少年は蹴球3日でグングン伸びる

[著] 宮崎隆司　[構成] 熊崎　敬

内外出版社
NAIGAI PUBLISHING

親愛なるバッジョとイタリアへ、
感謝を込めて。

［目次］

第5章 愛情と情熱あふれるイタリアの指導者

第6章 フィオレンティーナからオファーが来た!

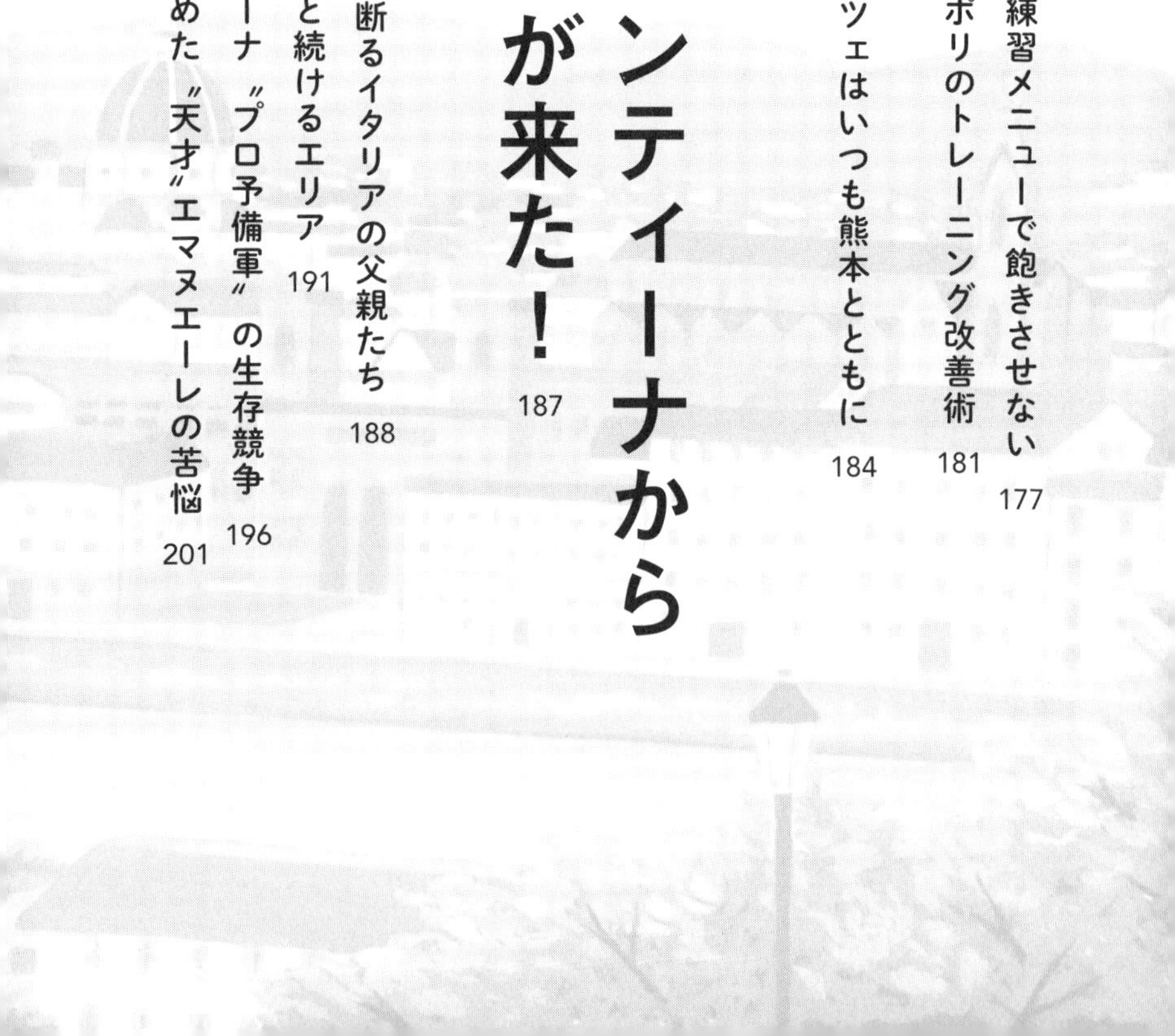

装幀・本文デザイン　菊池祐
カバーイラスト　姫野はやみ
挿画　なかきはらあきこ
DTP　辻井知（Somehow）

序章

〝モンディアーレ〟のない夏がくる

国民的祝祭が消えた日

夏といえばバカンス。イタリア人が大好きなシーズンです。ところが２０１８年の夏は、イタリア人にとって虚《うつ》ろな夏になりそうです。

それは〝モンディアーレ〟を失《な》くしてしまったから。

モンディアーレとは、「世界」を意味するイタリア語。この国ではワールドカップ（W杯）のことも意味します。モンディアーレが失くなった……。つまり、イタリアはロシアで開催されるW杯に出場できないのです。

スウェーデンとのヨーロッパ予選プレーオフに敗れた瞬間、１９６２年チリW杯から脈々と受け継がれてきた国民的祝祭は、儚《はかな》く消えてしまいました。[1] これは20年間イタリアに暮らしている私にとっても、簡単には受け入れられない出来事でした。

予選敗退が決まった２０１７年11月13日を、イタリア人はきっと忘れないでしょう。サッカージャーナリストを生業《なりわい》とする私は職業柄、今回の代表チームが抱える問題を熟知していたので心の準備ができていました。しかしイタリアに生まれ育ち、14

1） イタリア代表のW杯出場史は1934年大会（自国開催）に始まる。本大会出場を逃したのは唯一1958年スウェーデンW杯だけだったが、2018年ロシアW杯では実に60年ぶりのヨーロッパ予選敗退となった。

歳になった私の息子は耐えられず、試合中に泣き崩れてしまいました。日本人の少年が号泣するのですから、当のイタリア人にとってはどれだけつらかったことか……。

〝悲劇〟のあとも変わらないもの

〝アズーリ〟[2]のいないモンディアーレを、私たちはどのように受け入れればいいのでしょうか。

ただ、少しだけ想像がつきます。私が暮らすフィレンツェは、観光立国イタリアでも有数の都市であり、世界中からやって来る旅行者で年中にぎわっています。

その中でも目立って多いのがドイツ人。身体も声も大きなドイツ人が大挙してレストランにやって来て、店主に向かって得意満面に言い放ちます。

「ご主人、テレビをつけてくれないか？　なにしろ今夜は我らが世界チャンピオン、ドイツ代表の試合があるからな」

イタリア人の店主は一瞥《いちべつ》をくれて言い返します。

「ドイツ代表？　そんなものを映すテレビはウチにはないね。見たけりゃ別の店を当

2）　Azzurri。イタリア語で青の意。ユニフォームカラーにちなんで名づけられたイタリア代表の愛称。1911年1月6日、正式に“アズーリ”が代表の色と定められた。

たってくれ」

冗談半分でも、これくらいの掛け合いはするでしょう。それが負けず嫌いのイタリア人というものです。

敗戦の日から、イタリア人の多くが〝失くしたモンディアーレ〟を胸の奥に抱えて日々を過ごしています。しかし、変わらないものもあります。

あの忌《いま》まわしいスウェーデン戦の翌日、自宅で過ごしていた私の耳に、子どもたちの歓声が飛び込んできました。私たちの家の目と鼻の先にあるダゼーリオ広場で、いつものように子どもたちがボールを蹴り始めたのです。

すっかりしょげかえっていた私の息子も、うれしそうに公園へと飛び出して行きました。これが私が愛してやまないイタリアの日常です。

〝ロビー〟を追いかけて

ところで、熊本に生まれた私がなぜイタリアに暮らすようになったのか、ちょっと話を聞いてください。

私の人生を変えたのは、イタリアが生んだ希代の〝ファンタジスタ〟[3]、ロベルト・バッジョ、その人です。〝初対面〟は忘れもしない1990年6月19日。イタリアW杯グループリーグ第3戦のチェコスロバキア戦で、彼が目にも鮮やかなドリブルシュートを決めた瞬間、私は〝ロビー〟[4]の虜《とりこ》になりました。

イタリアに住んで、ロビーのプレーをこの目で見たい……。

そんな思いは日増しに強くなっていきました。ときは流れて8年後、1998年フランスW杯が迫ってきます。このときイタリアはロビーの処遇をめぐる、国民的論争の真っ只中にありました。

「バッジョを代表チームに呼ぶべきか否か」

議論は沸騰し、招集の是非を問うメディア主催の国民投票へと発展します。

居ても立ってもいられなくなった私は、意を決してイタリアに飛びました。言葉もできず、仕事の当てもないというのに、ただロビーに一票を投じるためにイタリア移住を決めてしまったのです。

3) fantasista。多才な芸人の意。転じて、サッカーで創造性に富む選手を指す。
4) ロベルト・バッジョの愛称。

私はフィレンツェに居を構え、学生としてイタリア語を学び始めました。とはいえ、その実態はスポーツ紙『ラ・ガゼッタ・デッロ・スポルト』でロビーについての記事を読み漁るというもの。２０００年の夏に彼が田舎町のブレシアへ移籍すると、平日はほとんどブレシア[5]に滞在して練習を見学。週末はスタジアムに足を運び、ロビーのプレーに見入っていました。

ブレシアの練習場にはいつも地元の人々が大勢いて、私は顔なじみになった彼らの家に泊めてもらうようになりました。イタリア人はとても親切で、「今夜はウチに泊まっていきな」と自宅のゲストルームをただで使わせてくれました。

ロビーを追いかける日々は２００４年の初夏、彼が引退するまで続きました。

〝プリミ・カルチ〟は教会で

ロビーを追いかける生活と入れ替わるように、やがて私と息子の二人三脚のサッカーライフが始まりました。ロビーがまだ現役だった２００３年７月、私は第一子となる長男を授かっていたのです。

5） Brescia。イタリア北西部に位置するロンバルディア州の都市。この街を本拠とするブレシア・カルチョでロベルト・バッジョは、キャリア晩年の4シーズンを過ごした。

息子は3歳のとき、地元の教会のサッカー場で初めてボールを蹴りました。こうした人生最初のキックをイタリア人は〝プリミ・カルチ（最初のひと蹴り）〟と呼びます。

イタリアには地区ごとに教会があり、教会にはたいていサッカー場があります。あのバチカン市国にも立派なサッカー場がある。これは伝統的に、神父さんにカルチョ（サッカー）好きが多いことに由来するそうです。教会の敷地は〝オラトーリオ〟と呼ばれ、地区の住民の憩いの場になっています。その中にあるサッカー場は、もちろん誰でも出入り自由。そこでは高校生くらいのお兄さんが3、4歳の幼い子どもと仲良くサッカーをして遊ぶといった光景が、毎日のように見られます。教会の懐に抱かれて、子どもたちは思いやりの心やサッカーの〝いろは〟を身につけていきます。

サッカージャーナリストとして働き始めていた私の世界は、息子がサッカーを始めたことで大きく広がりました。有名な選手や監督の取材に加えて、小さな街クラブの指導者たちと出会い、息子のチームメイトの子どもたちや、その父親たちと日々触れ合うようになりました。

そんなイタリア暮らしの中で、私が実感したことがあります。

鐘の音と子どもたちの笑い声に包まれるオラトーリオ（教会教区）のサッカー場。

それは4度の世界制覇を誇るイタリアのサッカーは、このスポーツと子どもたちに無限の〝passione e amore（情熱と愛情）〟を注ぐ人々によって育まれてきたということです。

私には大好きな時間があります。それは近所のダゼーリオ広場に足を運び、子どもたちの草サッカーを眺めるひとときです。

公園の小さなグラウンドには、どこからともなく子どもたちが集まってきてゲームが始まります。シュートが外れて柵を越えたときには、近くを散歩している老紳士が「俺も若いころは鳴らしたんだぜ」とばかりに、軽やかにボールを浮かせてボレーで返してきたりします。老人が蹴り損ねて転んだりすると、「お爺ちゃん、だいじょうぶ!?」と子どもたちが駆け寄ります。そんな何気ない光景を見るたびに私は、私たち日本人が失くしつつある何かを思い出すのです。

イタリアと日本では、人々の気質や社会の仕組みが驚くほど異なります。それでも私が20年暮らしてきたこの国のサッカーには、日本のみなさんに伝えたい素晴らしいものがたくさんあります。それはたった一度モンディアーレに出られないからといって、見て見ぬふりをして通り過ぎてしまうにはもったいないものばかりです。

これはうちの子に、これは自分のチームの子どもたちに試してみようかな。

そんなものがみなさんの心に一つでも残れば、これほどうれしいことはありません。

2018年5月

イタリアのどこにでもある街クラブのグラウンド。平日の練習はもちろん、週末は朝から夜まで順々に各カテゴリーの試合が行われていく。向正面にはアパートや民家が建ち並び、あたり一帯がサッカーを楽しむ子どもたちの元気な声に包まれている。アパートのベランダでは主婦が洗濯物を干し、お隣さんの老夫婦はお茶を飲みながら笑顔で子どもたちのサッカーを見守っている。

第1章

イタリアのサッカーは〝遊び〟が大事

サッカーも生活も
ストレスフリーなイタリア人

みなさんはイタリアという国に、どんなイメージを持っていますか？料理ならピザにパスタ、観光名所ならローマのコロッセオやピサの斜塔、水の都ベネツィアなどが挙がるでしょう。また私が暮らすフィレンツェは、ダ・ヴィンチやミケランジェロ、ダンテなど、日本でもなじみのある偉人を数多く輩出しました。

イタリアにいいイメージを抱いている方は、少なくないと思います。美味しい食べもの、燦々《さんさん》と輝く太陽と紺碧《こんぺき》の海、陽気な人々――。そう、イタリアはとてもいい国です。あまりに居心地がいいので、私も気がつけば20年住んでいました。

そんなイタリアの一番好きなところは？　と尋《たず》ねられたら、私は迷わず「人」と答えます。規律正しくまじめな人が多い日本と比べると、イタリア人は本当に面白くて、見ていて飽きることがありません。

イタリア人はとてもあけすけで、思ったことを包み隠さず口にします。それはサッカーの試合でも同じです。イタリアの子どもたちは指導者や審判に向かって言いたいことを言います。

相手の立場や年齢などを慮《おもんぱか》って自分の気持ちを抑えたりせず、誰もが言いたいことを言い、ときに言わなくていいことまで言い、やりたいように振る舞う。それでいて、まったく後腐れがないイタリアは、とてもストレスフリーな国なのです。

イタリアではあらゆるものが〝故障中〟

運行中にコーヒーを飲みに行くバスの運転手

正直に告白すると、私がイタリアを心の底から好きだと思えるようになるまでにはそれなりの時間がかかりました。

いったい何度、日本に帰ろうと思ったことか！

イタリアに住み始めたばかりのころは、毎日が「なぜ!?」の連続でした。

お店でレジに行くと、店員がいない。食品用のラップはなかなか切れず、おまけにすぐ皿からはがれる。電車は遅れるどころか、いつまで経っても来ない。信号は壊れていて、道路は穴だらけ。路線バスはバス停でもないところで停まり、運転手がふらっと眠気覚ましのコーヒーを飲みに行く。しかも乗客は文句も言わない——。この国ではあらゆるものが〝fuori servizio（故障中）〟です。

故障だらけの国に住むイタリア人、彼らの多くは日本に好印象を抱いています。それはちょっとした畏敬《いけい》の念と言っても過言ではありません。戦後の荒廃からわずかな期間で復興し、世界有数の経済大国となった日本のことが、いい加減なイタリア人には信じられないのです。

どうしてこんな滅茶苦茶な国に来たの？

そんな彼らが実際に日本へ行くと、完璧に機能する社会インフラを目の当たりにして「おー、マンマミア！」と驚き、ますます日本を好きになります。そういうイタリア人は私の周りにも数えきれないほどいて、彼らは決まってこう尋ねてきます。

「あんなに優れた国から、どうしてわざわざこんな滅茶苦茶な国に来たの？」

私は私なりにイタリアの良さを力説しますが、困ったことになかなか通じません。ちなみに14歳になる息子の友人たちにも、日本好きはたくさんいます。『ドラゴンボール』『キャプテン翼』『ワンピース』といったアニメは、イタリアでも大人気。また体操がポピュラーなこの国では、内村航平さんが憧れの的。彼の美しく正確無比な演技は、イタリア人が持つ「日本人」のイメージそのものです。

最後にもう一人、イタリアで尊敬される日本人を紹介します。それは2003年、レース中の事故によって26歳で他界したバイクレーサーの加藤大治郎さんです。世界選手権17勝を記録した加藤さんは、バイクレースが盛んなイタリアで抜群の人気がありました。加藤さんに憧れるライダーは多く、あの悲しい事故から15年が経った今も、74のナンバーが入った加藤大治郎モデルのヘルメットを愛用するライダーはたくさんいます。おそらく、イタリアで最も愛された日本人ではないでしょうか。

世界一4度の勝因は〝ドイツコンプレックス〟

イタリアにないものをドイツはすべて持っている

さて、日本に憧れる〝故障だらけの国〟に住む人々は、どんなサッカーをするのでしょうか。

イタリア人が理想とするゲームのイメージがあります。

それは華麗なパスワークで敵を翻弄し、次々とゴールを奪うというものではありません。むしろ、その逆。敵の猛攻を水際でしのぎ続け、スコアレスで迎えた試合終了

間際にカウンターから放った1本目のシュートが敵のオウンゴールを誘う――。

かなりひねくれていますよね。でも、これで4度も世界一になったのだから驚きです。

そんなイタリア人が一番負かしたいと思っている国があります。わかりますか？

答えはドイツ。ブラジルの宿敵がアルゼンチンであることは有名ですが、イタリアにとっての〝絶対に負けられない敵〟は、ずばりドイツです。

イタリアは長年、ドイツに負けないことを最大の目標としてきました。ポイン

W杯優勝回数（2014年ブラジル大会まで／カッコ内は優勝年）

5回	ブラジル（1958、1962、1970、1994、2002）
4回	**イタリア（1934、1938、1982、2006）**
	ドイツ（1954、1974、1990、2014） ※西ドイツ時代を含む
2回	アルゼンチン（1978、1986）
	ウルグアイ（1930、1950）
1回	イングランド（1966）
	フランス（1998）
	スペイン（2010）

イタリアとドイツのGDP

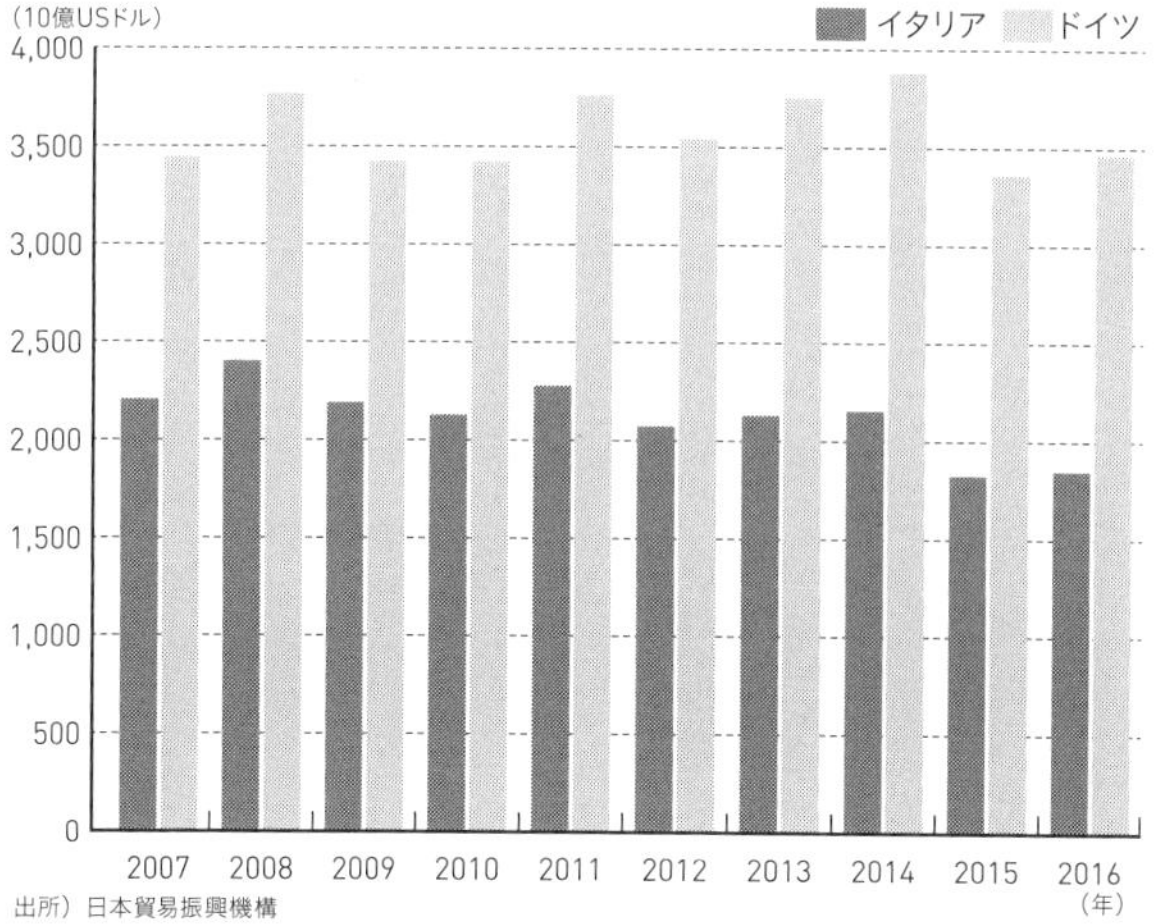

出所）日本貿易振興機構

トは「勝つ」ではなく、「負けない」というところ。控えめに聞こえるかもしれませんが、コテンパンにやっつけるにはドイツはちょっと強すぎるのです。

ドイツ人はイタリア人が太刀打ちできないほど、たくましい肉体を持っています。怠けることなく走り続け、最後まであきらめない強い精神力があり、新しい戦術を追求する研究熱心さも備えています。計画性があり、正確さまで持ち合わせています。

要するにドイツ人はイタリア人にないものを、すべて持っているのです。

イタリアとドイツの五輪メダル数

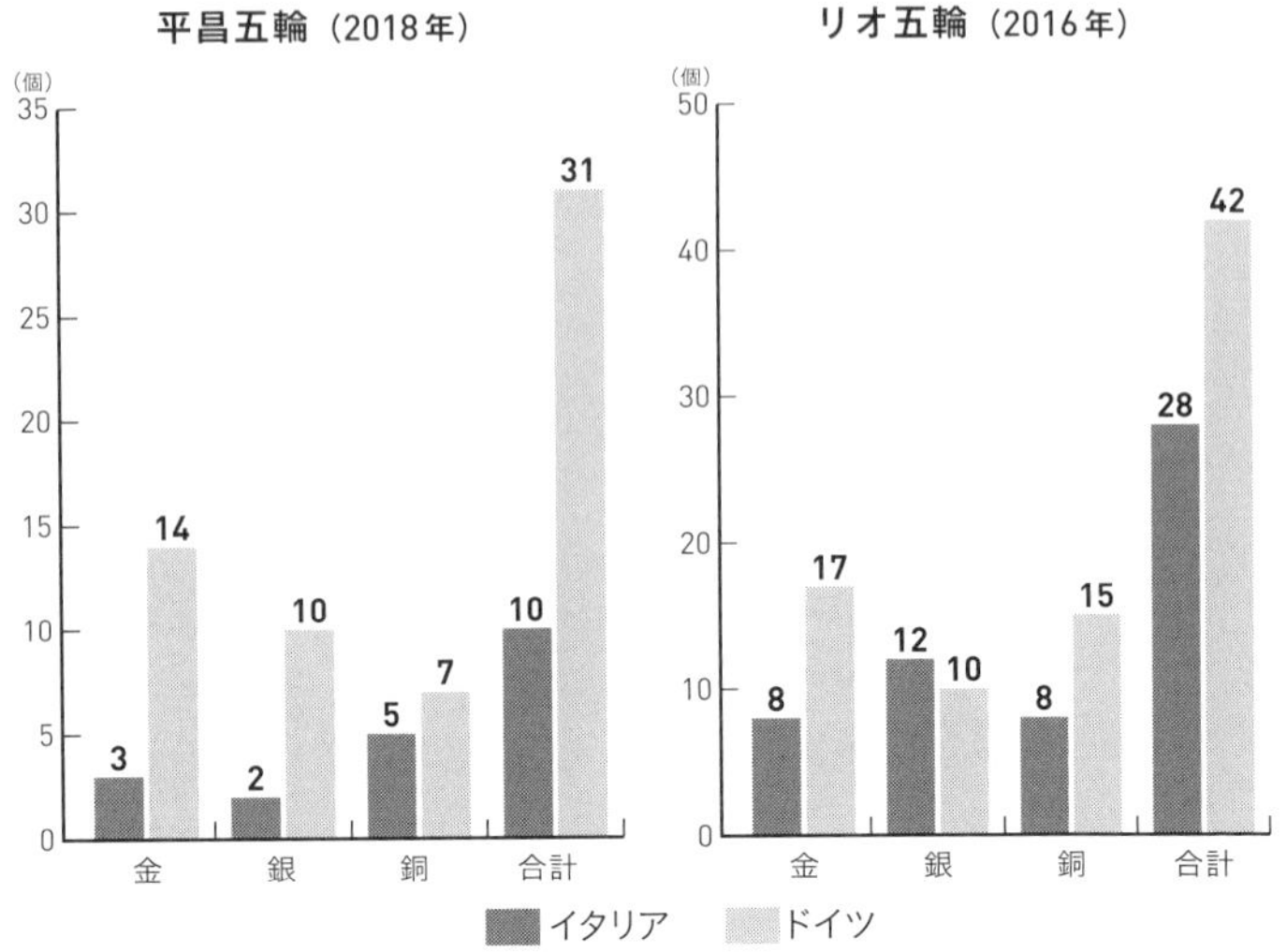

サッカーだけは負けられない

イタリアがドイツに負けているのは、サッカーの資質だけではありません。

イタリアはヨーロッパの中でも決して裕福な国ではなく、昔から多くの人々が仕事を得るためにドイツに渡りました。ドイツにはイタリア移民の子孫がたくさん暮らしていて、その多くが厳しい人生を送っています。

豊かなドイツと貧しいイタリア。その構図は今も変わりません。ドイツは圧倒的な経済力を背景に、ＥＵ（ヨーロッパ

イタリア vs ドイツ 対戦成績

イタリア

15勝　12分　**8**勝

W杯本大会とEURO本大会に限ると…

4勝　5分　**0**勝

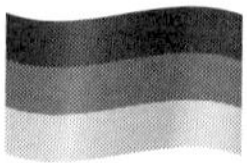

ドイツ

※ EURO 2016 準々決勝でイタリアはドイツにPK戦の末に敗れたが、
公式記録上は「引き分け」にカウントされる。

連合）で大きな存在感を示しています。一方、借金まみれのイタリアはギリシャとならぶEUのお荷物。ドイツからは常に格下に見られています。

とはいえ、イタリア人にも意地があります。

「君たちの優秀さは認めよう。政治・経済は完敗だ。五輪のメダルもくれてやる。でも、サッカーだけは負けないからな」

こう考えるのがイタリア人なのです。

この対抗意識は、数字が如実に物語っています。政治も経済もメダルの数でもまったくかなわないイタリアが、サッカーの代表公式戦の直接対決ではドイツを圧倒しているのです。このことはイタリア人の誇りの一つです。

「ピザとピストルしかないだろう」

1982年スペインW杯と2006年ドイツW杯における

優勝は、前者は決勝で、後者は準決勝でドイツを破ったという意味で、イタリア人の心に深く刻まれました。

ドイツ大会の対戦では、当時のマルチェッロ・リッピ監督[6]がドイツコンプレックスを逆手に取って、選手たちのハートに火をつけました。

ドルトムントでの準決勝当日、ドイツのある新聞が一面にイタリアを挑発するイラストを大々的に掲載しました。ピザの上にピストルが乗ったイラストが意味するものは明らかです。

「お前らの国にはピザとピストルくらいしかないだろう」

ちなみにピストルとは「マフィア」を指しています。これを見た策士リッピはひらめき、試合前のミーティングで選手たちを焚《た》きつけました。

「ここまで言われて悔しくないのか？　ヤツらを叩きのめしてやろうじゃないか！」

リッピの言葉に選手たちは奮い立ち、イタリアは延長戦の末に開催国ドイツを破りました。彼らは続く決勝でもフランスをＰＫ戦で破り、世界一に輝いたのです。

6)　イタリア国内10クラブの監督を歴任し、2006年ドイツW杯でイタリア代表を優勝に導いた名将。2016年から中国代表監督を務める。

怠け者が編み出した最強の戦い方

最小の労力で最大の成果を

イタリアのサッカーは、ドイツコンプレックスを糧に独自の発展を遂げました。体格で負け、勤勉さでも負け、ボールも器用に扱えず、戦術も遅れている……。やせっぽちのイタリア人が、今さら大きくなることはできません。生来の怠け者気質が変わるはずもない。根性もない。ないない尽くしの中で出てきたのが、「負けないための守備」でした。

イタリアには古くから〝カテナッチョ〟という言葉があります。意味は「閂《かんぬき》」。

ゴールに鍵をかけるというニュアンスの言葉です。昔は人垣を築いてゴールを守り、敵のわずかな綻《ほころ》びを突いてカウンターを決めるという形でしたが、それは時代を経るにつれて進化していきました。緻密なポジショニングで網を張り、敵を待ち伏せするようにしてボールを奪い、一気に逆襲に出るのです。

イタリアが緻密な網の目を張りめぐらせて守るのは、長い距離を走りたくないからです。緻密という言葉は、狡猾な、または抜け目のない、と言い換えることができます。いつも正しいポジショニングを取っていれば、敵が向こうから迷い込んで来る。そこでボールを奪い、最短距離で敵のゴールを急襲。待って奪って背後へポン！

イタリアが目指しているのは、最小の労力で最大の成果を上げる試合。怠け者が編み出した最強の戦い方と言えるでしょう。

数センチ単位の修正も当たり前

長くボールを蹴り続けてきたからでしょう。ヨーロッパは戦術のセオリーがしっかりしています。ただ、そのヨーロッパの中でもきわめて細かいのがイタリアです。

ポルトとインテルでチャンピオンズリーグを制したモウリーニョは、よく「ディテールが大事だ」と語ります。しかしイタリア人と比べると正直、アバウトです。そんなイタリアの中でも、ナポリを躍進に導いた監督マウリツィオ・サッリは、とにかく緻密な指導をすることで知られています。

サッリは、ゾーンでもマンマークでもない〝トータルゾーン〟[7]という新たなセオリーを確立した戦術家としても知られています。この斬新な戦術を叩き込むため、彼は文字通り重箱の隅をつつくような緻密な指導を行います。イタリアの練習を見慣れた私も、何度「ここまでやるのか……」となったことか。実際、外国人選手がイタリアの戦術の細かさに戸惑うことは珍しくありません。しかしサッリは、持ち前の情熱と卓越した理論によって、慣れない外国人を短期間で〝変身〟させているのです。

サッリほどではないものの、街クラブのコーチたちもかなり細かな指導を行います。その細かさはポジショニングと体勢の指導に顕著に表れます。例えば敵と対峙した選手に、「軸足をあと3センチ開いて」とか「重心をもう3センチ低く」といった助言をする。これは厳しく命じるというより、「試しにこうやってよ」と軽く提案すると

7) zona totale。ボールの位置で選手全員のポジションが決まる守備戦術。正しくは、①「ボールの位置」、②「自陣ゴールの位置」、③「味方選手の位置」の順に考えて各自がポジションを取る。相手選手の位置を考慮に入れないことから、従来のゾーン・ディフェンスとも大きく異なる。

いうニュアンス。感覚のいい子はコツをつかんで、動きが良くなっていきます。

それにしても、と私は思います。日ごろいい加減なイタリア人がなぜ、サッカーになるとこれほど細かくなれるのかと。サッリを含めたプロの監督たちに、私は何度もこの質問をしましたが、答えはいつも同じでした。

「だってオレたち、サッカーが死ぬほど好きなんだよ」

この情熱のおかげでイタリアのサッカーは日々確実に進化、発展を遂げていますが、その一方で日常の〝壊れたもの〟はいつまで経っても直る気配がありません――。

ペダルをこぐ怠け者

〝怠け者〟を自負するイタリア人は、楽をして勝つために細部に徹底してこだわります。しかし、まったく根性がないわけではありません。この国の育成現場でしばしば飛び交う「ペダルをこぐ」という言葉に、そのことが表れています。

日本人の多くがマラソンや駅伝を愛するように、イタリア人は自転車のロードレースを愛してやみません。過酷で孤独なレースに自らの人生を重ね合わせるのでしょう。

「きつい坂でもこぎ続けろ！ 足を止めたら置いていかれるぞ！ あきらめるな！」

イタリアの指導者は、こんなふうに子どもたちを鼓舞します。

現役時代、〝闘犬〟と呼ばれたガットゥーゾは、「ペダルをこぐ」ことにかけてはイタリア史上最強です。なにしろ右ひざの靭帯を切りながら試合終了まで走り抜いたほどですから。イタリアのサッカーが、こうした骨太な男たちの支えによって歴史を重ねてきたこともまた、紛れもない事実です。

怠け者でありながら、ペダルをこぎ続ける。この二律相反する気質が、イタリアサッカーの魅力かもしれません。

すごくないのに世界一になるすごさ

緻密なポジショニングを基盤とした守備が充実すると、今度はそれを打ち破るための攻撃が発達します。この流れの中で〝ファンタジスタ〟と呼ばれる名手が台頭してきました。その代表格が、私が追い続けたバッジョです。

ひと癖もふた癖もある選手たちが網の目を張りめぐらせて失点を防ぎ、バッジョやゾラ、トッティ、デル・ピエロといったファンタジスタが数少ないチャンスからゴールを決める。これが典型的なイタリアのサッカーです。

イタリアは、史上最多となる5度の優勝を成し遂げたブラジルのように華やかな技術や創造性で世界を魅了することはありません。また、1974年西ドイツW杯で旋風を巻き起こしたオランダのように、サッカーの概念を劇的に変えたりすることもない。もちろん、ドイツのように不屈の精神力を見せることも。

1970年メキシコW杯や1994年アメリカW杯のようにタレントに恵まれた時期もあるとはいえ、イタリアはこれといったすごさもないまま、4度も世界一になりました。これはよくよく考えたらすごいことなのかもしれません。

W杯勝利試合数ランキング
（2014年ブラジルW杯まで）

	国	勝利数
1	ブラジル	70
2	ドイツ（西ドイツ時代を含む）	66
3	イタリア	45
4	アルゼンチン	42
5	スペイン	29

イタリアでは〝サッカーの中〟に生活がある

サッカーボールは最高のおもちゃだ

イタリアの不思議な強さ、それは先に述べた貧しさと無縁ではありません。

「あなたが仕事に求めるものは何ですか？」

日本人にそのようなアンケートをすれば、「経済的安定」とならんで多くの人が「生きがい」と答えるでしょう。しかし、仕事に生きがいを見出せるのは、イタリア人から見ればとても幸せなことです。

イタリアで仕事に生きがいを見出せる人はきわめて稀《まれ》です。失業率が慢性的に10%を上回り、特に15歳から24歳まで（学生を除く）を対象とした若年失業率が30%を超えるこの国では、ほとんどの人が食べるだけのために働いています。

先進国の1人当たり平均年間総実労働時間（2015年）

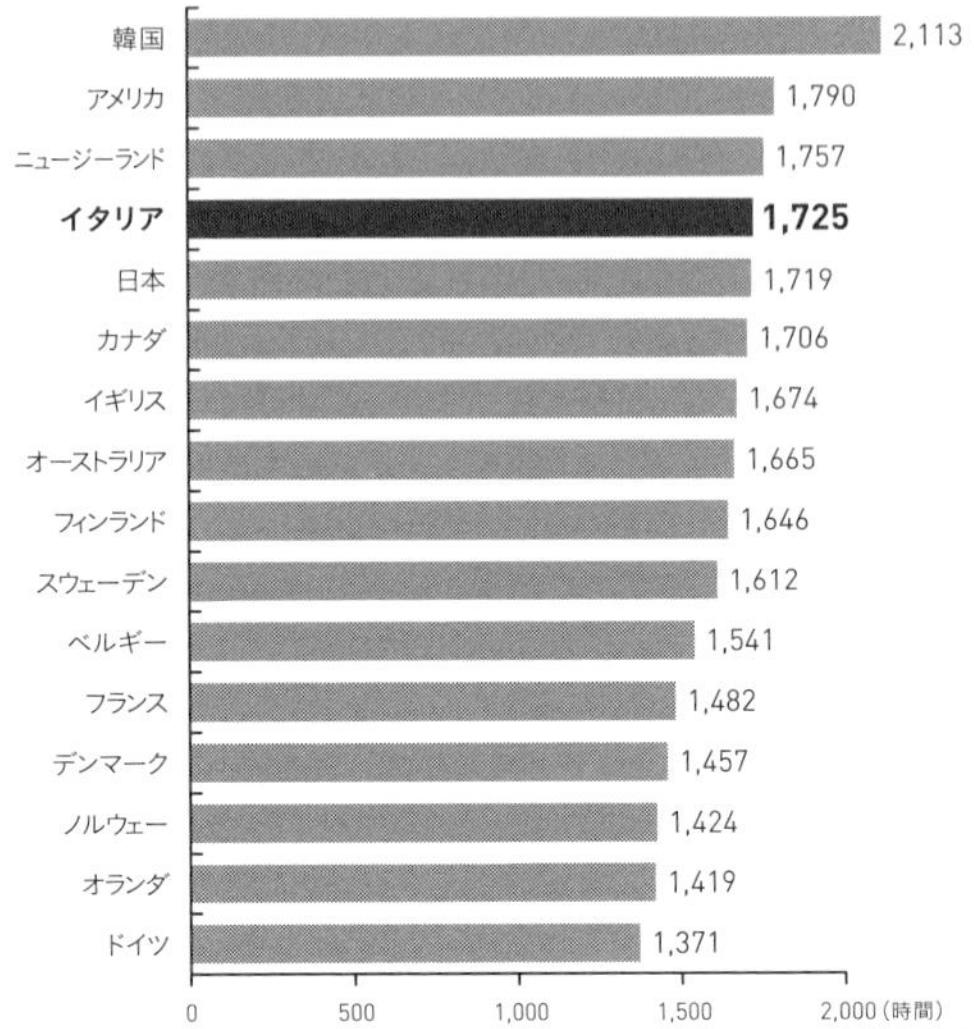

注. データは一国の時系列比較のために作成されており、データ源及び計算方法の違いから特定年の平均年間労働時間水準の各国間比較には適さない。フルタイム労働者、パートタイム労働者を含む。フランス、ベルギーは推計値。
出所）OECD Database(http://stats.oecd.org/Index.aspx?DatasetCode=ANHRS) "Average annual hours actually worked per worker"(2016年9月現在)
出所）労働政策研究・研修機構(JILPT)「データブック国際労働比較2017」

イタリア人というと天真爛漫《てんしんらんまん》で、仕事もあまりせず、自由気ままに生きているイメージがあるかもしれません。ただそれは、あくまでも一面にすぎません。

多くのイタリア人は退屈でつらい仕事に従事しながらも、仕事があるというだけで満足しているのです。

そんなイタリア人たちには、なくてはならない場所があります。それはサッカー場という名の〝聖地〟。そこは日ごろの憂《う》さを思う存分晴らすことが許される特別な場所でもあります。

だからこそイタリア人たちは、グラウンドの中でも、スタジアムのゴール裏でも喜怒哀楽を身体いっぱいに表現します。この場所がなくなってしまったら、彼らはフラストレーションで悶《もだ》え死んでしまうかもしれません。

私の親友ヤコポは婚約者へのプロポーズの際、こんなふうに頼み込んだそうです。「家事だって何だってやる。その代わり週末の試合に行くことだけは許してくれ」。以来25年間、彼はフィオレンティーナの全試合をゴール裏で見続けています。

イタリアでは家族や親戚、友人に男の子が生まれると、誰かが決まってサッカーボールをプレゼントします。

この国には「サッカーボールは最高のおもちゃだ」という言葉があり、人々はサッカーに勝る喜びはないと信じています。映画、テレビ、アニメ、ゲームといった娯楽が次々と生まれてきましたが、サッカーはいつの時代も娯楽の王様です。

ダゼーリオ広場の“移民ワールドカップ”

テクニックはスペイン、ずる賢さはイタリア

イタリアの街にはいたるところに公園や広場があり、そこでは子どもたちや大人たちがボールを蹴っています。

私の自宅の近くにあるダゼーリオ広場にも、ボロボロのネットに囲まれた小さなサッカー場があります。もちろん使用料はただ。息子もクラブでの練習がない平日の夕方になると、そこでよくサッカーをして遊びます。行けば必ず誰かがボールを蹴っ

ているので、わざわざ待ち合わせする必要もありません。

ここでボールを蹴っていると、うれしい出来事に遭遇することもあります。セリエAで活躍するフィオレンティーナの有名選手がふらっと広場に立ち寄り、子どもたちと一緒に遊んでくれたりする。このあたりの人と人との距離の近さは、イタリアならではです。

ダゼーリオ広場に集まる人々は、年齢はもちろん国籍もまたバラエティに富んでいます。地元のイタリア人はもちろん、日本人（つまり息子）、ブラジル人、スペイン人、アルバニア人などなど。気がつけば本気モードのゲームが始まります。

さまざまなルーツを持つ人々が集うダゼーリオ広場のサッカー場。

ダゼーリオ広場の〝移民ワールドカップ〟。それは見ていて飽きることがありません。まず、草サッカーといっても勝利への執着心はすさまじく、誰もがゴールを決めることに命を懸けているかのようです。至近距離からミサイルのようなシュートを放つので、キーパーはたまったものではありません。

国民性の違いがプレーに如実に表れるのも、面白いところです。

ボール扱いが柔らかくて、いつだって綺麗にパスを通してみせるのがスペイン人。でも、テクニックを過信しているのか、ちょっと狡猾さに欠けるのが玉に瑕《きず》です。

逆に動きに硬さが見られるのがイタリア人。スペイン人ほどテクニックはありませんが、反面、とてもずる賢いプレーをします。

一番上手いのはブラジル人。彼らは思いもよらない動きを平然とやってのけ、それでいてずる賢い。つまり無敵です。広場の常連にフランシスコというブラジル人のおじさんがいますが、この人が加わるとゲームは途端に生き生きと動き始めます。

遊びの中で伸びていく

ダゼーリオ広場の移民ワールドカップは、私に大切なことを教えてくれます。

それはサッカーの上手さは、どれだけボールで遊んだかによって決まるということです。ブラジル人のフランシスコがひときわ上手く、誰よりも抜け目ないのは、きっと誰よりもボールで遊んできたからでしょう。

私は今まで多くのブラジル人と接してきましたが、彼らほどボールで遊ぶ人種をほかに見たことがありません。ブラジル代表のネイマールやマルセロ、ダニエウ・アウベスといった達人たちは練習中に華麗な足技で張り合ったり、股抜きを仕掛けてみたりと、とにかく遊び心が旺盛です。彼らにしてみれば、サッカーボールで夢中に遊んでいたら、いつの間にか世界の頂点に立っていたという感覚なのかもしれません。

サッカーは何よりも遊ぶことが大切。そのことは、サッカーを「する」という動詞を見れば一目瞭然です。

イタリア語ならgiocare（ジョカーレ）。

英語ならplay（プレー）。

フランス語ならjouer（ジュエ）。

スペイン語ならjugar（フガル）。

ポルトガル語ならjogar（ジョガル）。

これらはすべて「遊ぶ」という意味の動詞です。

日本のみなさんは、サッカーをちゃんと「遊んで」いますか？

イタリアの大人たちは、子どもたちに説教したり、難解な戦術を押しつけたりすることはありません。そんなことに貴重な時間を費やすくらいなら、子どもたちを〝へとへと〟になるまで遊ばせてやろうと考えています。サッカーが上達するには、厳しい練習をやらせるよりも、本人が夢中になって打ち込むことが何より大事だからです。

つまりサッカーで大切なのは遊ぶこと。遊んで遊んで遊び倒す中で、子どもたちはグングンと伸びていきます。


それでは、これから私と一緒にイタリアの少年サッカーの現場をのぞいてみましょう。もしかすると、みなさんは驚くかもしれません。選手のキャラクターも、やっていることも全然違いますから。

Calcio!見聞録

コーヒーの頼み方に見るイタリア人の摩訶不思議

みなさんは〝エスニックジョーク〟をご存知ですか？

それはある特定の国民や民族の気質を笑いを交えて表すもの。ヨーロッパでは、よくイタリア人が引き合いに出されます。その振る舞いが他国の人々には理解不能だというのです。

例えば駐車場。ドイツやフランスの人々はラインに沿って車を停めますが、イタリア人はラインを無視。周りの車に迷惑をかけても知らん顔です。

カフェでの注文にも、我が道を往くイタリア人気質が表れます。日本人なら1人目「コーヒー」、2人目「ぼくも」、3人目「私も」と続くところが、イタリア人は1人目「エスプレッソをガラスのカップで」、2人目「カフェコレットを大きめのカップで」。いちいち自己流で頼む。ガラスのカップでも、大きいカップでも味はまったく変わらないというのに。

他人がどう思おうが、イタリア人にとっては自分が心地良いことが大切。客もイタリア人なら店員もイタリア人なので、こうやって頼んだ方がむしろ喜ばれます。

気がつけば、私もだいぶイタリア人気質に冒されていたようです。あるとき日本のチェーン店で、イタリアでやっているように「エスプレッソをちょっと多めに」と頼んだところ、「ですから、そういう形ではお出ししていません！」と女性の店員さんを怒らせてしまいました。ごめんなさい。決して悪気はないんです。

周りを気にせず、我が道を突き進むイタリア人は、外国人から見ると「よくわからない変なヤツ」。

実は当のイタリア人も、自分たちのことがよくわかっていないようです。自分本位で、いつも「俺のせいじゃない」と言い張って、そのくせ怖がりで自虐的。問題が起きるたびに、彼らは両手を広げて「しょうがねえよ、俺らイタリア人なんだから」とぼやく。だから、いつまで経ってもいろんなものが壊れたままなのです。

第2章

どこにでもある街クラブと個性豊かな仲間たち

愉快痛快！仲間たちとの少年時代

14歳で3度の移籍を経験

私の息子は、6歳から地元のクラブチームでサッカーを始めました。以来14歳になるまでの9年間で、すでに4つのクラブを渡り歩いています。

これらはもちろん、すべて小さな街クラブ。幼い子どもでも、〝移籍〟は決して珍しいことではありません。転校や進学に合わせてクラブを変える。または大好きなコーチが仕事の都合でいなくなり、評判のいいコーチのもとに行く。そういうことが

シーズン（年齢）	所属クラブ
2009-2010（6歳）	アルケー
2010-2011（7歳）	セッティニャネーゼ
2011-2012（8歳）	セッティニャネーゼ
2012-2013（9歳）	オリンピア
2013-2014（10歳）	オリンピア
2014-2015（11歳）	オリンピア
2015-2016（12歳）	フローリア
2016-2017（13歳）	フローリア
2017-2018（14歳）	フローリア

イタリアでは当たり前に行われています。

今、息子がプレーしている《フローリア》というクラブは1960年7月29日の夜9時（！）、バールの常連客によって立ち上げられた街クラブ。飲み屋の常連がクラブを創るというのは、どこの国も同じです。

息子はこのフローリアの2003年生まれの子どもたちチーム（以下、フローリア2003）でプレーしています。フローリア2003には、個性的という表現では物足りないくらい濃いキャラクターのチームメイトが大勢います。その中でも強烈な4人と、今はほかのクラブに通う親友の1人を紹介します。

マッテオ――フィオレンティーナを自主退団

抜きん出た身体能力とテクニックを備え、気迫を前面に押し出してゴールに迫るストライカー。フローリア2003の不動のエースです。

その実力は幼いころから評判で、9歳のときにフィオレンティーナにスカウトされましたが、13歳になって「もっと楽しくサッカーをしたい」という理由から自主退団。幼なじみのクリスティアンがいるフローリアにやって来ました。

イタリア人は自己中心的な性格の人が多いですが、ストライカーになると、その傾向はさらに強まります。マッテオも例外ではありません。ハットトリックを決めようものなら、上機嫌で自らのプレーを延々と解説。しかし、ゴールを決められなければ無言で帰ってしまう。それでも試合では誰よりも走るので、とても頼りになります。

ちなみに学業はからっきしで、そのため母ロザンナは年中「誰か、この子をもらってくれないかしら」と嘆いています。そんな母子の言い争いを、外科医の父ジュリアーノがワイングラスを眺めながら、時折煽《あお》ってみせる。そんな陽気な一家です。

クリスティアン――「オレには家族を守る義務がある」

ベテランのような風格を漂わせてゲームを支配する、天才肌のミッドフィルダー。無回転フリーキックも抜群に上手い。点取り屋マッテオとは幼なじみで、フローリアのゴールの多くは、このコンビによって生み出されています。

将来を嘱望されるクリスティアンですが、本人にプロになる気はさらさらありません。それはサッカーで生きていく厳しさを熟知しているからです。

彼には自宅の庭にゴールポストを立ててくれた、凄腕の左官職人の叔父さんがいます。その叔父さんは若いころ、フィオレンティーナの〝プリマベーラ〟[8]（102ページ参照）まで進んだ有望株でしたが、不運なケガで夢をあきらめざるを得ませんでした。母子家庭で苦労してきたクリスティアンは、叔父の〝教訓〟もあって現実に生きる決意を固めています。

彼に出会ったばかりのころ、私は何気なく「こんなに上手いんだから、プロを目指そうとは思わないの？」と尋ねたことがあります。そのときの彼の答えが忘れられま

8）トップチームの一つ下のカテゴリー（育成組織の最上位）に位置する19歳以下のチーム。

せん。

「うちはオヤジがいないから、オレは堅実に働いて〝パンを家に持ち帰る〟大人にならなきゃいけないんだ。サッカーは一度のケガですべてが台無しになるんだから」

〝パンを家に持ち帰る〟というのは、「食べるために働く」というイタリアの常套句。あくまでもサッカーは楽しむものと心に決めたクリスティアンは、今日も誰よりもサッカーを楽しんでいます。

ジャンマルコ――「8試合出場停止で何が悪い!?」

イタリアの典型的な〝悪ガキ〟です。学校にもサッカー場にも原付バイクをかっ飛ばして登場し、週末はディスコで踊りまくっています。

一度ボールを持ったら絶対に離さない〝ベネツィアーノ〟[9]の典型で、テクニックはまずまず。審判を欺《あざむ》くシミュレーションの腕は抜群で、大一番では頼りになります。

チーム一、口が汚いのも、このジャンマルコ。昨季は審判を散々罵倒した挙げ句、8試合の出場停止処分を食らいました。しかし、そんなことでくよくよするようなタ

9) veneziano。本来は「ベネツィア人」を指すが、ちょっとあざとい人物が多いことから、転じて「自己中心的な選手」を意味する言葉として用いられる。

マではありません。彼がいるだけで、今日もフローリア2003のロッカールームは底抜けに盛り上がります。

両親は離婚していますが、別れて暮らす父ジャンルカは変わらず息子を溺愛《できあい》し、週末のリーグ戦には必ず応援に顔を出します。そして大好物のスコットランド産ビールをがぶ飲みしながら、街中に響き渡るほどの野太い声で審判を野次っています。

オーマル――アフリカからやって来た〝弾丸小僧〟

近年、ヨーロッパにはたくさんの移民が押し寄せていますが、イタリアも例外ではありません。アフリカや東ヨーロッパからの移民は多く、彼らの多くは豊かな日本人には想像できないほど厳しい人生を歩んでいます。

フローリア2003にも移民の子どもはいます。かくいう私の息子がそうですし、アフリカ生まれのオーマルという少年もいます。

中央アフリカ共和国で生まれたオーマルは妹エンマとともに道端に捨てられ、祖国の孤児院で育てられました。しかし捨てる親がいれば、拾う親もいます。オーマルとエンマは、ワインの名産地として有名なトスカーナ州キャンティ地方[10]でアグリツーリズムを営む父ジャンニと母マリアに引き取られました。

オーマルは当初、陸上クラブに入り、短距離走で頭角を現しました。フィレンツェ県ではぶっちぎり、トスカーナ州大会でも圧勝です。「将来のメダリスト候補だ！」と騒がれましたが、やがて本人は〝ただ走る〟ことに飽きてしまったようです。

短距離走をやめたオーマルが、次に興味を示したのがサッカーでした。フローリアに入団すると、弾丸のようなダッシュで敵を置き去りにしてゴールを量産。プロクラブのスカウトもたちまちオーマルに熱視線を送るようになりました。

とはいえ彼にも弱点があります。とにかく気まぐれで、練習に行くかどうかは気分次第。勉強も大の苦手で、追試と練習が重なることもしばしばです。

ジャンニとマリアの里親夫婦は、マイペースなオーマルとエンマに、たっぷりの愛情を注いでいます。母マリアは施設で暮らしていた幼い兄妹との出会いを語るとき、決まって大粒の涙を流します。そんな彼女を見守るジャンニもまた、目頭を押さえながら「葉巻のせいだ」と煙に巻くのです。

10） 赤ワインやキアニーナ牛ステーキ、サラミ、生ハム、チーズ、オリーブオイルといった豊富な食材と美しい丘陵地帯で知られる。

フィリッポ――礼儀正しい優等生だけど…

マッテオやジャンマルコとは正反対の優等生。裕福な一家に生まれた礼儀正しいフィリッポは、フィレンツェ屈指の名門校に通い、成績もトップレベルです。しかし、「天は二物を与えず」とはよく言ったもの。サッカーはお世辞にも上手いとは言えません。

本人はサッカーが嫌いではないようです。しかしサッカーを続けているのは、父ファブリツィオの影響を抜きにしては考えられません。若いころセリエC目前まで行ったファブリツィオは、昔からバッジョやドゥンガと親交があることもあってか、「息子には才能がある！」と信じて疑いません。ちょっと困った〝親バカ〟ぶりです。

勢い余った父は、フローリアで愉快な仲間たちと楽しくやっていたわが子を、強い街クラブに入団させてしまいました。おかげで息子には、ほとんど出番がありません。

それでもフィリッポは健気《けなげ》にサッカーに取り組み、かなり上手くはなりました。懸命の努力でリフティングも上達し、〝大車輪〟[11]も習得。そんながんばり屋のフィリッ

11） リフティングで浮かせたボールを、浮かせたその足でまたぐ技。別名“アラウンド・ザ・ワールド”。

ポを、私も息子も心から応援しています。

私は200人くらいの子どもと顔見知りですが、周りから同情されてサッカーをしているのは、このフィリッポくらいです。というのも、子どもの才能を妄信《もうしん》してサッカーを強制する親は、イタリアにはほとんどいないからです。街クラブも「さすがに無理だな」という子どもにはほかのスポーツへの転向を勧めたり、もっと下のカテゴリーのクラブを紹介しています。

さすがに父ファブリツィオも息子を気の毒に思ったのか、どうやらフィリッポは来季からフローリアに帰って来ることになりそうです。

どうですか？　なかなかバラエティに富んでいるでしょう。

うちの息子は、こんな仲間に囲まれてクラブや学校での生活をエンジョイしています。私がイタリアで子育てをしていて思うのは、子どもに学校とクラブという二つの世界があることの素晴らしさです。

せっかくなので、うちの息子のことも簡単に紹介します。

日本人の両親のもとに生まれたミヤザキくんは、とても大人しい少年です。練習後は仲間が大騒ぎする傍ら、黙々とビブスやボールを片付けています。ジャーナリストの父親は「もっとわがままにやってもいいんじゃないかな」と思いながらも、「こればっかりは性格だから、好きにやってくれればいいいか」と温かく見守っています。

まあ、こんなところでしょうか。

写真の子どもたちは全員が違う学校に通う。学業が優秀な子もそうではない子もいるが、だからこそクラブチームに集う彼らの結束は固い。ちなみに、前列左から２人目の子は“数学の天才”で、成績はフィレンツェでナンバー１。ところがサッカーはいまいち。でも「ぼくのポジションは“チェントロパンキーナ（ベンチの真ん中）！”」と笑顔を絶やさない。

イタリアの少年サッカーには〝伝統のスタイル〟がない

変わらないのはユニフォームの色だけ

さて、個性派だらけのイタリアの少年たちは、いったいどんなふうにチームとしてまとまっていくのでしょう。

日本では育成年代でも「パスをつなぐ」とか「ドリブルで勝負する」といった独自のスタイルを大切にしているチームが多いようです。イタリアはちょっと違います。

意外に思われるかもしれませんが、育成年代のチームもセリエＡのトップチームも、これといった伝統のスタイルは持っていません。

例えば古豪フィオレンティーナもそう。変わらないのはユニフォームの色だけで、スタイルはそのときどきで変わってきました。というのも、スタイルというものはそのときどきの選手のキャラクターによって決まるからです。監督もシーズンごとに代わることが多く、一つのチームを20年も率いている監督など皆無です。

したがって、例えば「4－1－4－1が伝統のスタイル」というようなことはありえません。もし、そのチームにバッジョがいたなら、4－1－4－1のいったいどこが彼のポジションになるのでしょう。

もちろん、すべてのチームが観衆を魅了するような美しいプレーをして勝ちたいと願っています。しかし、これはあくまでも理想論。現実は、そう甘くはありません。

セリエAのトップチームでも、優れたタレントは次々と引き抜かれるため、選手の顔ぶれは変わっていきます。理想のメンバーで理想的なプレーをすることはほぼ不可能。街クラブの、それも育成年代のチームであればなおのこと、監督は目の前にいる子どもたちでなんとかするしかありません。

チームカラーは子どものキャラで決まる

それでも「目の前にいる子どもたちで理想のサッカーを追求すべきだ」と考える指導者もいるかもしれません。ハードルは高くても、パスをつないで敵を翻弄するようなチームを作り上げる。それもまた選択肢の一つでしょう。

ただ、イタリアにはそうした理想に走る指導者はまずいません。というのも、この国の指導者は育成年代であってもシビアに結果を問われるからです。

こんなふうに書くと、イタリアの指導者がサッカーの内容や子どもの個性を無視したチーム作りをしているように思われるかもしれませんが、そうではありません。イタリアの指導者は子どもの個性をとても尊重しています。なぜなら、理想論のチーム作りは逆に子どもを型にはめ込むことにつながり、のびのびとプレーさせてあげることができないからです。子どもたちがのびのびプレーできなければ、結果はおそらく出ないでしょう。

チームのプレースタイルは子どもたちのキャラ次第。この考え方は街クラブでも徹底されています。

息子が所属するフローリア2003は昨季、4－2－3－1という布陣でプレーしました。この4－2－3－1は、前述したようにフローリアの全カテゴリーに共通する布陣ではありません。実際、一つ年下になる2004チームの昨季の基本布陣は4－4－2。これはサイドハーフの適性に優れる子どもが複数いるからです。

息子がプレーする2003チームには、クリスティアンとマッテオという傑出した選手がいます。この2人に加えて、並外れたスタミナを誇る中盤のフランチェスコがいるからこそ、4－2－3－1は円滑に機能しています。

ただ、シーズンが終われば、クリスティアンとマッテオは他のクラブに引き抜かれるかもしれません。そこで補強できなかった場合、来季のフローリア2003はどうなるのか。残る子どもたちの資質を考えると、おそらくこうなるだろうという形が見えてきます。手持ちの素材の良さを引き出し、一つでも多くの勝ち点を取っていく。そうした柔軟性が指導者には求められるのです。

イタリアの子どもは自分でポジションを決める

次に、子どもたちのポジションがどのように決まっていくのかを説明します。

イタリアの子どもたちは自立心や主体性がとても強く、大人の言いなりにはなりません。それが顕著に表れるのがポジションです。

日本では近年、幼いころは多くのポジションを経験させる方がいいという考えが広がっているようです。確かにそうすれば、自分に合う場所が見つかるかもしれません。

しかし、イタリア人はそうは考えません。サッカーは自分がやりたくてやるものであって、誰かにやらされるものではないからです。自分のことを自分で決めたいイタリア人は、子どもであっても自分のやりたいポジションをはっきりと主張します。

では、子どもたちはどうやって自分のポジションを見つけるのでしょうか。これは好きなお気に入りの漫画のキャラやアイドルを見つけるのと同じ要領です。

幼いころから公園でサッカーをして遊び、スタジアムやテレビでサッカーをたくさん見ている子どもたちは、自然に好きな選手のマネをするようになります。

子どものことですから、多くはストライカーやファンタジスタに目が向きます。でもここは守備の国イタリア。キーパーではゾフ、ゼンガ、ブッフォン、ディフェンダーではシレア、バレージ、マルディーニ、カンナバーロなど守備陣からも多くのスターが生まれてきました。キーパー志望の子どもが非常に多いのもイタリアの特徴です。

イタリアの子どもたちは、「このポジションがやりたい」という強い意志を持ってグラウンドにやって来ます。例えば息子のチームメイトに、ロッコという少年がいます。彼は誰がどう見てもストライカータイプなのですが、本人は「オレはセンターバックとして生まれてきた」と信じて疑っていません。そんなロッコをフォワードにコンバートしようものなら、すぐにクラブを移籍してしまうでしょう。

もちろん子どもですから、ある日突然「違うポジションをやりたい」と言い出すかもしれません。でも、そこに自分より上手い子がいたら……。がんばって追い抜くか、ポジションを変えずに続けるか、クラブを変えるか。選択肢はいくつも考えられますが、決断はある程度、本人に任せられます。

イタリアの子どもたちは幼いころから日常生活の中で、自分で決めて自分で責任を取るという習慣が身についています。

「ああしなさい」「こうしなさい」と大人に言われてやるのではなく、自分の意思でやることを決める。これはとてもいいことではないでしょうか。サッカーでは監督が戦術の大枠や出場メンバーを決めるものの、プレー中の一つひとつの判断は選手自身が下さなければならないからです。

いつも親や監督の言うことばかり聞いていると、試合の中で問題に直面するたびに戸惑ってしまうことになります。サッカーは自分の頭で解決策をひねり出し、ゴールを目指すゲーム。それが上手くできるようになるには、日常生活の中から自分で判断して行動する機会を与えた方がいいでしょう。

ふざけるイタリア人とまじめな日本人

私は日本に帰国するたびに、少年サッカーの現場を観察しています。そのたびに実感するのが、「日本人はまじめだなあ」ということ。子どもたちは自己鍛錬のような真剣さでサッカーと向き合い、監督から叱責の声が飛ぶことも珍しくありません。

そのあたり、イタリアはまったく違います。

近所のダゼーリオ広場でサッカーをする子どもたちは、いつもゲラゲラと笑い転げています。それはクラブの練習でも同じ。イタリアの子どもたちはいつだってふざけていて、コーチにも平気でちょっかいを出す。同じことを日本のグラウンドでやれば、きっと「グラウンド10周！」では済まないでしょう。

私の息子が所属するフローリア2003の練習でも、子どもたちが羽目を外しすぎて収拾がつかなくなってしまうことがよくあります。そんなときは監督のジョバンニも怒鳴ります。

「お前らいい加減にしろ！　グラウンド3周だ！」

もちろん鉄拳は飛びませんし、走らせるといってもせいぜい3周がいいところ。日本の子どもたちが何時間も走らされているのに比べたら、ちょろいものです。

ところがイタリアの子どもたちは、その3周すら走らない。

「腹痛え！」などとわめいてトイレに逃げてしまう。ただし、まじめにグラウンドを走り始める子どもが一人います。うちの息子です。

それを見たジョバンニは大喜びして叫びます。

「見ろ、お前ら！　日本人が走ってるぞ！」

グラウンドは大爆笑に包まれます。

騒いで怒って逃げて褒めて、最後は大爆笑。これがフローリア2003のお約束です。

イタリア社会は何もかもがサッカー的

日本サッカーはシステム偏重？

1980年代、ブラジル代表で活躍したトニーニョ・セレーゾという人がいます。イタリアではサンプドリアの黄金期を築いた名手として有名ですが、日本のファンには2000年に鹿島アントラーズを率いて三冠を達成した名将と言えばわかるかもしれません。

そのセレーゾがあるとき、日本人の練習方法について次のように語りました。

「日本人はサッカーを機械的に捉えすぎていると思う。A、B、C、D、Eと順番に動きを決めてボールを動かすパターン練習をよく見るが、やりすぎは良くない。そもそもサッカーというのは手が使えず、しかも敵が際限なく邪魔をするスポーツ。パターンを決めたところで、その通りにならないことが多いのだから」

日本サッカーの課題を、これほど端的に表した言葉はないでしょう。

不確実だからこそ〝アドリブ〟が身につく

システムを重視する日本人のサッカー観は、円滑に機能する日本の社会システムと無縁ではないと思います。

日本では電車が遅れることは少なく、宅配便は時間指定で届けられ、コンビニに行けばたいていの商品がそろっています。

こうした確実性の高い社会に暮らしていれば、人々は無意識のうちに「サッカーもパターン化できる」と考えてしまうのかもしれません。でも、ちょっと待ってください。それではアドリブが身につかず、サッカーにつきものの〝突発的事態〟に対処できなくなってしまいます。セレーゾはそのことを危惧しているのです。

先の見通しを立てやすい日本に比べて、イタリアは先がまったく読めません。電車は来ない、バスも来ない、飛行機はストで飛ばない、パン屋さんにパンがない、レストランではウェイターが客を無視してしゃべり続ける……。

このように不確実な社会に暮らす人々は、好むと好まざるとにかかわらず、自然と突発的事態に対処できるようになります。つまり、イタリアに住んでいるだけで、サッカーに大切なアドリブ力が身についていく。

ある意味でサッカー的な社会に生きるイタリアの子どもたちは、サッカーを遊ぶことで上手くなっていきます。〝遊ぶ〟というのは、練習中にふざけたり、笑ったりするということではありません。練習そのものが遊びであり、ゲーム性満載なのです。ドリル式のメニューではなく、何が起きるかわからない〝余白〟のある遊びをすることで、子どもたちはサッカーに不可欠な対応力を身につけていくのです。

イタリア伝統のボール遊び6選

今まで述べてきたように、イタリアの子どもたちは遊びながらサッカーに親しむことで力をつけていきます。

どういうことか説明しましょう。日本の少年サッカーでは、決められた形でボールを動かすパターン練習や等間隔に置かれたパイロンを抜いていくような練習がよく行われています。しかしイタリア人は、そうした単調な練習はほとんどやりません。勝ち負けのあるゲームをひたすら繰り返すのです。

それではここで、イタリア人なら誰もがやったことのある伝統の遊びを6つ紹介します。[12]

12）①から⑤までの遊びをやるには、正規サイズのゴールではちょっと大きすぎるかもしれない。フットサルやハンドボールのような、サイズの小さなゴールで遊ぶ方が格段に楽しいだろう。

遊び① トラベルシーナ

公園に集まってきた子どもたちが、まず始めるのがトラベルシーナ。これは「トラベルサ（＝クロスバー）」を語源とするゲームで、主にキーパーを決めるときに行います。

ルールは単純。順番に適当な位置からフリーキックを蹴り、命中した場所によって点数を競うというものです。

最高得点はポストとクロスバーの角の15点。クロスバーを捉えれば10点、ポスト直撃は5点。クロスバーにもポストにも当たらず、ゴールに入った場合もクロスバーに近いところから順に9点、8点、7点、6点、5点が与えられます。いい加減なイタリア人のことですから、得点は目測。「9点だ！」「いや8点だ！」と揉めますが、それもご愛嬌。たまたまグラウンドの横を通りかかったおじさんに「今の何点だと思う？」などと聞いたりしながら得点が決められます。ちなみに枠外は0点。こうして一番点数の低い子が、キーパー役となります。

トラベルシーナ

キーパー役を決めるバー当てゲーム

遊び② テデスカ

キーパーが決まったところで、次にやるのがテデスカ。これは〝ドイツの女性〟という意味ですが、ネーミングの由来はわかりません。このゲームは少なくとも3人が必要で、5、6人が理想の人数だそうです。

仮に5人いたとします。トラベルシーナで負けた子がキーパーになり、残る4人がゴールの前で浮き球でパス交換し、最後にダイレクトシュートする。それだけのことです。シュートを打つまで、すべてのプレーでボールを落としてはいけません。

テデスカもまた点数で競います。最初に、キーパーも含めた全員一律の持ち点を決めます。とりあえず25点としましょう。このゲームでは決めたシュートの難易度で得点が決まります。ボレーは1点、ヘッドは3点、オーバーヘッドは5点、かかとは7点など。この場合、4本浮き球パスをつないでからヘッドで決めたら、ヘッドの3点にパスの本数4本を足して7点に。この点数をキーパーの持ち点から引いていきます。

例えば、パス3本からのヘッドで6点、パス9本からのボレーで10点、パス2本からのかかとボレーで9点。これで25点となります。持ち点がなくなったキーパーは退場です。

ちなみにシュートを枠から外した人は、キーパーと交代しなければなりません。こうやってゲームを進めていき、最後に残った子どもが優勝となります。

持ち点やシュートの点数は、レベルや人数に合わせて決めればいいでしょう。前述した部位以外に、胸や肩などでのシュートを高得点に設定すれば、キーパーを一発で敗退させることも可能です。ほかにも敗者復活やキーパー救済ルールなどもありますが、複雑なので省略します。

テデスカのいいところは、ボール一つとゴール一つで遊べるところ。グラウンドにいる子どもが多すぎるとき、そのうちの数人で効率的に遊べるゲームとして重宝されています。みんなでワイワイとボールをつなぎながら、浮き球の扱いや軽やかな身のこなしが身につくテデスカは、最高のウォーミングアップです。

テデスカ

浮き球でのパス回しからシュートを決めて、
キーパーの持ち点をゼロにしよう！

つないだパス数 ＋ シュートの種類 ＝ 得点

パスの本数を得点にカウントしないというルールもOKだよ！

遊び③　スカルティーノ

テデスカで身体が温まったら、次にやるのがスカルティーノ。

語源の「スカルタール」はドリブルするという意味の動詞。要するにドリブルしまくるというだけのゲームです。こちらもテデスカ同様、使うゴールは一つだけ。

仮に7人がいれば、トラベルシーナなどでキーパーを決めます。キーパーが高くボールを蹴り上げたらゲームがスタート。ゲームは常にボールを持つ1人と残りの5人（キーパーを含めれば6人）という構図で行われ、最も多くゴールを決めた選手が勝者となります。

もちろん、敵全員を抜いてゴールを決める必要はありません。目の前の敵と勝負しながら隙を見てミドルで狙ったり、混戦の中から突然シュートを打っても構いません。とはいえ状況は常に1対5ですから、多くの場合、ボールは奪われてしまいます。そうなると、今度は奪った子どもがゴールを目指し、奪われた子は守りに回らなければなりません。こうやって、1対5の勝負が続きます。

スカルティーノ

ボールを持ったらドリブル&シュート。
個vs組織で攻守両面のテクニックが身につく!

このゲームではドリブルやシュートの技術はもちろん、守備のポジショニングが磨かれます。

守備側の子どもは、遊び慣れた子ほど無謀にボールを奪いに行かなくなり、奪いに行った子どもの斜め後ろで〝漁夫の利〟を狙います。ドリブラーが1人目を抜きにかかったところで、大きく出したボールをかっさらい、今度は自分がゴールを狙う。いわゆるチャレンジ＆カバーの動きを身につけるには、うってつけです。

もちろん、まるでインザーギのようにゴール前で息を潜めておいて、誰かが打ったシュートのこぼれ球を押し込んでもＯＫ。ゴールの〝嗅覚〟を研ぎ澄ますのにも持ってこいの遊びです。

ちなみにスカルティーノにはゲームを終わらせるルールがないため、子どもたちはくたびれたら休憩します。水を飲んだり、おやつを食べたり、横になったり。まだまだ遊び足りない子は休憩中もボールで遊んで、次のゲームに備えます。

遊び④ モンディアリート

これはスカルティーノの進化形。キーパーがいて、ボールを持った子どもが敵をかわしてゴールを決めるというルールは、スカルティーノと同じです。違うのはゴールを決めた子どもが、次々とゲームから抜けるところ。7人で始めたとしたら、キーパーを除く6人が1対5に分かれて争い、ゴールを決めた子どもが一人、また一人と抜けていきます。こうして1対5から始まったゲームは、1対4、1対3、1対2と減っていき、最後は最下位決定戦、1対1の戦いになります。

負け残りのため、上手くない子どもほど長くプレーできるのがモンディアリートのいいところ。攻めも守りもたくさんやるほど、確実に上手くなります。

もちろん、上手い子どもにもメリットはあります。より人数が多い状況でゴールを決めなければならないため、さらにテクニックが磨かれます。

イタリアの子どもたちはモンディアリートが大好きです。7人で始めた場合、最後の1対1に負けた子どもが最下位に。その子どもはゲームから脱落し、次は6人で勝負。ゲームから脱落した子は、次のゲームの実況をしなければなりません。

こうやって最下位になった子どもが一人ずつ脱落して、最後は勝ち残った2人による決勝戦が行われます。決勝戦は3ポイント先取で争われ、栄えあるチャンピオンが決まります。

攻守が目まぐるしく入れ替わるスカルティーノやモンディアリートをやっていると、球際での強さや走力はもちろん、判断力が身につきます。いつどこにいれば得をするか、同時に敵に得させないかを自然と考えるようになるからです。単調な走り込みよりも、よっぽど得るものが多いですよ。

ナポリ生え抜きのアタッカーでイタリア代表でも活躍中のインシーニェは、モンディアリートの達人としても知られています。

モンディアリート

スカルティーノの発展版。
上手くない子ほどたくさんプレーできる！

遊び⑤ ポルタ・ア・ポルタ

直訳すると「ゴールからゴール」。ボールを蹴り合ってゴールを決めるという、ごくシンプルな遊びです。

フットサルコートのような小さなコートで自陣と敵陣に1人ずつ、または2人ずつに分かれて、ひたすらロングシュートを蹴り合います。もちろん守る側は手を使ってはいけません。ほかにもゴールエリアの外でしか守れないとか、止めてから3タッチ以内で蹴らなければならないとか、ルールはその都度決めていけばいいでしょう。

このポルタ・ア・ポルタはメンバー待ちの時間や練習の合間にやるのがおすすめ。ダゼーリオ広場でもこのゲームをやりながら、人数が集まるのを待っている子どもたちをよく見かけます。シュートやロングパス、さらにはロングボールのトラップが上手くなりますよ。

ポルタ・ア・ポルタ

待ち時間などに少人数で楽しめるお手軽ゲーム！

遊び⑥ ブラジリアーナ

その名の通り「ブラジル人のように遊ぶ」リフティングのゲーム。細かいルールは何もなし。何人かで輪になり、自慢のテクニックを見せつけ合うというゲームです。ただし、テデスカと同じくボールを地面に落としてはいけません。

首の後ろにボールを乗せたり、股にはさんだり、肩でパスしたり。もちろん失敗することも多いですが、そこはご愛嬌。イタリアの子どもたちはブラジル人選手のプレーが大好きで、ロナウジーニョやネイマールのように軽やかにボールを操って、「どうよ? オレのテク」と仲間たちに見せつけてやりたいのです。こういう何気ない遊びの中で自然と独創性やチームワークが育まれていきます。

ブラジリアーナ

気分はネイマール？
自慢のテクニックを見せつけ合って
独創性を身につけよう！

モノマネで楽しい遊びをより楽しく

ここで最後に、今まで紹介した遊びをより面白くする〝スパイス〟を加えたいと思います。それはモノマネ。子どもたちは随所にスター選手のモノマネを織り交ぜながら、サッカーを楽しんでいます。

ちなみに2014年ブラジルW杯では、イタリア中の公園で子どもたちがコロンビア代表の10番、ハメス・ロドリゲスのモノマネに励んでいました。そう、ウルグアイ戦で決めた胸トラップからの美しいボレーです。真後ろからのボールを胸で受け、鋭く反転して左足ボレーを決めた一連の流れを、みんなで大騒ぎしながら再現しようとしていました。

ネタはスーパープレーだけではありません。子どもですから当然、笑いにも走ります。サポーターや味方が肝を冷やすキエッリーニのパスミスや、スタジアムの2階席に飛んでいくアバーテの下手くそなクロスは定番中の定番。うちの息子はイングランド代表、スターリングの手をパタパタさせた走りをマスターし、結構笑いを取っているようです。

週明けのイタリアの公園はモノマネだらけになります。週末のゲームで飛び出したスーパーゴールを、みんなで熱心に再現しようとするのです。もちろん、なかなか成功しません。でも夢中になって続けていると、いつか上手くいくときが訪れるかもしれません。

できなかったことができた！

その瞬間の、子どもの弾けるような笑顔。これに勝るものはありません。

たくましき
イタリアの子どもたち

監督に意見するのは当たり前
ときには審判に盾突くことも

年齢や立場に縛られることがないイタリアの子どもたちは、誰とでも対等に意見を言い合います。これは特に意識して主張しているというわけではありません。ただ自然とそうなっているというだけのことです。

試合に負けたあとに監督が「今日の試合は全然ダメだ」と言い出せば、「それは戦術が悪かったんですよ」などと言い返します。采配ミス（?）を指摘された監督も

「この野郎、生意気だ！」などと激怒することはありません。こんなの、いつものこと。自分だって少年時代に同じことをしてきたのです。

子どもたちにとってサッカーは至福の時であり、勉強のプレッシャーから解放される時間でもあるため、勢い余って暴走することもしばしばです。試合で主審の判定に盾突いて、出場停止処分を受けるケースも珍しくありません。

フローリア2003きっての悪ガキ、ジャンマルコが8試合の出場停止処分を受けたエピソードはすでに紹介しましたが、このときの周囲の反応も、実にイタリアらしいものがありました。

監督のジョバンニはジャンマルコをなだめるどころか、一緒になって審判に暴言を吐き続け、あろうことか12試合の出場停止を受けました。このとき審判が負けじと〝応戦〟したことは言うまでもありません。周りの大人たちの反応も「こんなこともあるだろう」といった程度のもの。特に問題視されることもなければ、〝炎上〟することもありません。

イタリアの子どもたちは監督を〝クビ〟にする

サッカーが巨大なビジネスとして成立するヨーロッパでは、育成の現場に〝汚れた手〟を突っ込んでくる大人が登場します。指導者にもお金に汚い人はいます。

一つの例が、監督が親から金銭を受け取り、その息子を優遇するというケース。しかし下手な子が上手い子をさしおいて試合に出場し続けていたら、誰の目にも不自然です。そんなとき、イタリアの子どもたちはもちろん黙っていません。彼らはとても巧妙に指導者に反抗します。試合に負けることで監督を追い出そうとするのです。

わざとPKを外したり、逆に相手にPKを献上したり、退場処分を受けてみたりといったことを、子どもたちはごく自然にやってのけます。育成年代であっても、指導者にはある程度の結果が求められるので、黒星が立て込み、ロッカールームを掌握できなくなると監督はやめるしかなくなります。

実はこれ、プロの世界で行われること。プレーだけではなく、プロの振る舞いから、子どもたちは多くを学んでいきます。

敗退行為は決して褒められることではありません。しかし、試合に負けてでもサッカーを守ろうとする子どもたちが、私の目には頼もしく映ります。

累積警告をダービー前に消化する

イタリアの子どもたちは、週末のリーグ戦を心待ちにしています。

ただし、すべての試合が同じ重みというわけではありません。子どもたちにとっての大一番は、学校のクラスの親友と対戦する〝心のダービー〟。クラスにはさまざまなクラブでプレーしている子どもがいるので、週末のたびに親友同士が心のダービーを繰り広げています。

シーズン開幕前にリーグ戦のカレンダーが発表されると、子どもたちはまず、心のダービーをチェックします。

「よし、〇月〇日の第〇節は絶対に外せないぞ」

そう頭の中に叩き込むのです。

抜け目がないイタリアの子どもたちは、警告も巧みにコントロールします。累積警告のせいで心のダービーに出られなくなったら、それは悲劇以外の何ものでもありません。そのため、イタリアの子どもは〝最後の一枚〟を早めにもらって次節出場停止となり、さっぱりとした状態で大一番に備えます。

これはほとんどの子どもがやっています。プロ顔負けのしたたかさです。

仲間のために大好きな試合を欠場する

サッカー発祥の地イングランドに、こんな格言があるそうです。

「サッカーは子どもを大人にし、大人を紳士にする」

サッカー場で吠えている父親たちの姿〔第4章参照〕を思い出すと、後段に限っては首をひねりたくなりますが、前段についてはまったくその通りだと思います。

今まで書いてきたように、イタリアの子どもたちはサッカーを通じて、建前だけでは通用しない大人の世界を生き抜く知恵を身につけていきます。それと同時に思いやりの心も育んでいきます。

昨季の半ば、うちの息子が唐突にこんなことを言い出しました。

「ぼく、今度の試合は休もうと思うんだ」

ケガでもなく、体調が悪いわけでもない。にもかかわらず、大好きな試合を休むと言うのです。何かあると思った私が問い質《ただ》すと、彼はこう言いました。

「ガブをゲームに出してあげたいんだ」

これを聞いて、私は素直に感動しました。自分が休むことで、出番の少ないチームメイトを試合に出してあげたいと言うのです。

ガブことガブリエレはサッカーが大好きで、チームで誰よりも一生懸命トレーニングに励んでいます。でも、彼にはほとんど出番がありません。というのもガブは先天的に身体が小さく、同学年の子どもには太刀打ちできないからです。

息子によると、誰ともなく「こんなにがんばっているんだから、あいつを試合に出してやろうよ」と言い出したそうです。

「ポジションが重なるヤツが中心になって、毎週一人ずつ仮病で休もう。そうすれば少なくともガブは確実にベンチ入りできる。それでだ、オレたちは前半から攻めまくって、早い時間で5、6点差をつける。大差をつけて、ガブを出してやるんだ」

ジョバンニ監督が、この計画を知っていたのかどうかはわかりません。ただ、ガブがゲームに出る機会は徐々に増えていきました。そして、ついにその瞬間がやって来ます。ガブが持ち場の右ウイングから果敢に切り込み、PKをもぎ取ったのです。

フローリア2003の〝リゴリスタ〟、つまりPKキッカーは背番号10のマッテオと決まっています。でも、この日のマッテオは迷うことなくキッカーを譲りました。

「自分で獲ったPKだ。お前が蹴れよ」

数秒の静寂の後、ガブの蹴ったボールが鮮やかにネットを揺らしました。グラウンドが拍手喝采に包まれる中、試合中にもかかわらず、ベンチメンバーも飛び出しての胴上げが始まりました。子どもたちはきっと、この試合で勝ち点3よりも大切なものをつかんだはずです。

Calcio! 見聞録

史上最高の〝遊び人〟マラドーナがナポリで起こした奇跡

〝サッカー狂国〟イタリアでも、とりわけクレイジーなのがナポリです。

2006年ドイツW杯でイタリアが優勝したときには、もちろん国中がお祭り騒ぎになりました。トリノやミラノは、三日三晩のどんちゃん騒ぎ。しかし、これが貧しい南部のナポリでは1カ月も続きました。人々は酔い潰れ、歓びのあまりアパートから冷蔵庫を投げ落とす人まで現れる始末。ここまでくると理解不能です。

このように、ナポリの人々は文字通り「サッカーを食べて」生きています。

この街の悪ガキたちなら誰もがやる、伝統のゲームを紹介しましょう。それは路地の高いところに干された洗濯物に、ボールを蹴って命中させるというもの。上級者になると、さらに難易度の高いゲームをやっています。細く入り組んだ路地で耳を澄ませ、交差点に鋭いボールを蹴り込んで飛び出してくるバイクに命中させるのです。

ナポリの悪ガキは小銭やジュースを賭けて、こういうゲームに明け暮れています。

その中からひと癖もふた癖もある遊びの達人が次から次へと出てきます。

そんなナポリで神様のように崇拝されているのが、アルゼンチンの天才児ディエゴ・マラドーナ。１９８４年にイタリアにやって来た彼は、それまで冴えなかったナポリを初のリーグ優勝（１９８６－１９８７）に導き、ミランやユベントスという、北部の支配が続いていたイタリアサッカー界に風穴を開けました。豊かな北部に貧しいナポリが勝つ。それはサッカーを超えた奇跡でした。

マラドーナはナポリの人々だけでなく、イタリア中の人々の心をわしづかみにしました（ユベントス信者を除く）。ではマラドーナの何が、イタリア人の心をつかんだのでしょうか。それは異次元のプレーではなく、その弾けるような笑顔でした。誰よりもサッカーが上手いマラドーナは、心の底からサッカーを楽しんでいました。

サッカーボールは最高のおもちゃ。

このイタリア人の心を、マラドーナは誰よりも体現していたのです。

第❸章

蹴球3日のイタリア少年サッカーライフ

イタリアの育成システムとクラブ文化

1歳単位でチームを編成

〝オラトーリオ〟〔第1章参照〕でサッカーに出会ったイタリアの子どもたちは、6、7歳になると、いよいよ地元の街クラブで本格的にサッカーを始めます。

それでは、イタリアサッカーの育成年代がどのようなカテゴリー・年齢区分で構成されているのかを見ていきましょう。セリエA、B、Cのトップチームを持つプロクラブと、アマチュアの街クラブとでは、細かな違いはあるもののI歳ごとにチームを区切って活動しているのは同じです。

イタリアサッカーのカテゴリー

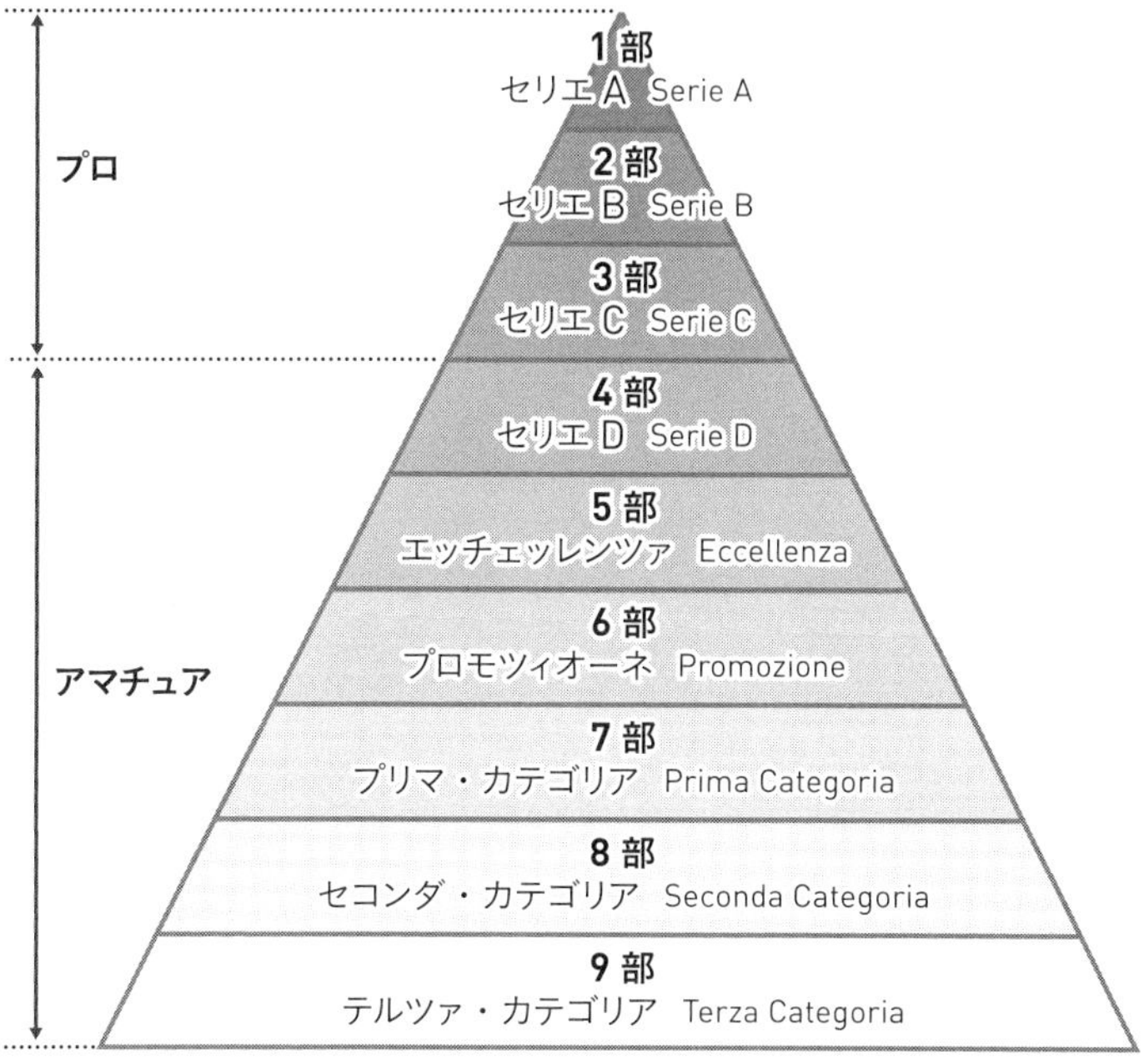

プロの育成カテゴリー（2018-2019シーズン）（※1）

カテゴリー名	年齢	試合形式	試合時間（分）	1チームメンバー数	交代枠
プリマベーラ1 Primavera 1	19歳以下	11人制	45分ハーフ	最大23人	3人
プリマベーラ2 (プリマベーラ1から降格したセリエAとBのチーム) Primavera 2	19歳以下	11人制	45分ハーフ	最大23人	3人
ベッレッティ（セリエC） Berretti (Serie C)	19歳以下	11人制	45分ハーフ	最大23人	3人
アッリエービ・プロ（セリエAとB） Allievi Pro (Serie A, B)	17歳	11人制	45分ハーフ	最大20人	7人
アッリエービ・プロ（セリエC） Allievi Pro (Serie C)	17歳	11人制	45分ハーフ	最大20人	7人
U-16（アッリエービ） Under 16 (Allievi 2002)	16歳	11人制	40分ハーフ	最大20人	7人
U-15（アッリエービB 2003） Under 15 (Allievi B 2003)	15歳	11人制	35分ハーフ	最大20人	7人
ジョバニッシミ・プロ2004 Givonissimi Pro 2004	14歳	11人制	35分ハーフ	18人	7人
ジョバニッシミB 2005 Govanissimi B 2005	13歳	11人制	35分ハーフ	18人	7人
エソルディエンティA 2006 Esordienti A 2006	12歳	11人制	30分ハーフ	18人	7人
エソルディエンティB 2007 Esordienti B 2007	11歳	9人制または11人制	20分×3本	※3	ベンチ入りメンバー全員の出場が義務（※4）
プルチーニ（※2）2008 Pulcini 2008	10歳	7人制または9人制	20分×3本	※3	ベンチ入りメンバー全員の出場が義務（※4）
プルチーニ（※2）2009 Pulcini 2009	9歳	5人制または7人制	15分×3本	※3	ベンチ入りメンバー全員の出場が義務（※4）
ピッコリ・アミーチ2010 Piccoli amici 2010	8歳	5人制	15分ハーフ	※3	ベンチ入りメンバー全員の出場が義務
ピッコリ・アミーチ2011 Piccoli amici 2011	7歳	5人制	15分ハーフ	※3	ベンチ入りメンバー全員の出場が義務
ピッコリ・アミーチ2012 Piccoli amici 2012	6歳	5人制	15分ハーフ	※3	ベンチ入りメンバー全員の出場が義務

※1　数字は生年を表す。
※2　「ひよこちゃんたち」の意。
※3　明確な規定がない場合が多く、ケースバイケースで取り決められる。
※4　最初の2本で全選手を出場させなければならない。

アマチュアの育成カテゴリー（2018-2019シーズン）(※1)

カテゴリー名	年齢	試合形式	試合時間（分）	1チームメンバー数	交代枠
ユニオレス・ナツィオナーレ(セリエD) Juniores Naz. (Serie D)	19歳	11人制	45分ハーフ	最大23人	3人
ユニオレス・レジョナーリ Juniores Regionali 2000	18歳	11人制	45分ハーフ	最大23人	3人
ユニオレス・プロビンチャーリ2001 Juniores Provinciali 2001	17歳	11人制	45分ハーフ	最大23人	3人
アッリエービ 2002 Allievi 2002	16歳	11人制	40分ハーフ	最大20人	7人
アッリエービB 2003 Allievi B 2003	15歳	11人制	35分ハーフ	最大20人	7人
ジョバニッシミA 2004 Givonissimi A 2004	14歳	11人制	35分ハーフ	18人	7人
ジョバニッシミB 2005 Govanissimi B 2005	13歳	11人制	35分ハーフ	18人	7人
エソルディエンティA 2006 Esordienti A 2006	12歳	11人制	30分ハーフ	18人	7人
エソルディエンティB 2007 Esordienti B 2007	11歳	9人制または11人制	20分×3本	※3	ベンチ入りメンバー全員の出場が義務（※4）
プルチーニ(※2) 2008 Pulcini 2008	10歳	7人制または9人制	15分×3本	※3	ベンチ入りメンバー全員の出場が義務（※4）
プルチーニ(※2) 2009 Pulcini 2009	9歳	5人制または7人制	15分×3本	※3	ベンチ入りメンバー全員の出場が義務（※4）
ピッコリ・アミーチ2010 Piccoli amici 2010	8歳	5人制	15分ハーフ	※3	ベンチ入りメンバー全員の出場が義務
ピッコリ・アミーチ2011 Piccoli amici 2011	7歳	5人制	15分ハーフ	※3	ベンチ入りメンバー全員の出場が義務
ピッコリ・アミーチ2012 Piccoli amici 2012	6歳	5人制	15分ハーフ	※3	ベンチ入りメンバー全員の出場が義務

※1 数字は生年を表す。
※2 「ひよこちゃんたち」の意。
※3 明確な規定がない場合が多く、ケースバイケースで取り決められる。
※4 最初の2本で全選手を出場させなければならない。

イタリアでは、同じ年に生まれた子どもだけでチームを編成します。これは日本と異なる点です。

日本では中学校なら13歳から15歳まで、高校なら16歳から18歳までというように、3歳違いの子どもたちが一つのチームで活動するケースもあります。夏のインターハイや冬の高校選手権などがそう。スポーツが学校単位で行われている日本ならではのシステムです。ヨーロッパや南米の国々は、1歳区切りでチームを編成しています。異なる年齢を「まとめる日本」と「分ける世界」で比べると、二つの点で後者が優れています。

まず1歳単位でチームを作ると、チーム数が増えるため、多くの子どもが試合に出ることができます。練習も少人数で行えるため、ボールに触る機会が増え、効率よくレベルアップできます。

もう一つのメリットは、ケガのリスクが軽減できること。私の息子がプレーするフローリア2003はしばしば1歳下の2004チームと紅白戦を行いますが、いつも圧勝します。成長期の子どもはわずか1歳違いでも明らかに体格が違い、スピードや当たりの強さが段違いなので、勝負になりません。

体格差のある子どもたちを一緒にして、練習や試合をさせることは危険です。下級生は上級生に吹き飛ばされ、ケガをしたり、故障部位の状態を悪化させることにもなりかねません。同じ年の子どもで練習や試合を行えば、こうしたリスクもある程度軽減することができます。

すべての試合がリーグ戦方式

育成年代の公式戦は、すべてリーグ戦（ホーム&アウェイ）方式で行われます。リーグ戦終了後に開催されるミニ大会にはトーナメント方式もありますが、それでも最初は必ずW杯と同じようにグループリーグが設けられます。つまり、一度負けたらそこで終わりということはありません。

育成年代のチームの活動の中で、最大の柱となるのはリーグ戦です。リーグ戦はバカンスが明けて新学期が始まる9月に開幕し、翌年5月から6月あたりまで続く長丁場。セリエAとほとんど同じカレンダーです。セリエAの〝スクデット争い[13]〟が佳境

13）スクデット（scudetto）は「小さな盾」の意。優勝チームの選手に盾形のバッジが贈られることから。

に入る春先は、街クラブの少年チームも大事な時期を迎えます。すべてのカテゴリーではないものの、昇格・降格のレギュレーションもあり、かなり熱を帯びます。

また、アマチュアの育成カテゴリーには全国大会がありません。クラブと選手に強いる経済的・肉体的な負担が大きすぎるためです。プロクラブでも全国大会が導入されるのはU－15から。それ以下の年齢は地区ごとのリーグ戦を戦っています。

移籍金も発生するアマチュアクラブの経営

セリエAを頂点に、イタリアサッカーのカテゴリーはプロからアマチュアまで9つのカテゴリーに分かれています。最下層の9部に相当するテルツァ・カテゴリアともなれば珍プレー続出ですが、それでも気迫だけはプロにも負けません。

このように、イタリアにはさまざまなレベルのクラブが無数にあります。そして、私の息子が所属するフローリアもそうですが、街クラブのほとんどはきわめて限られた予算の中で活動しています。

クラブの主な収入は年会費、入場料、スポンサー料のほか、グラウンドのレンタル料など。年会費は12歳以下の子どもが払う会費のことで、一人当たり300ユーロ（約4万円）前後が相場です。入場料は週末のリーグ戦のチケット代のこと。週末は朝から順番に小さな子どもの試合が始まり、一日に6、7試合程度行われます。チケット代は一日通し券で5ユーロ（約660円）ほど。ホームチームはもちろん、アウェイからもわが子の応援に駆けつける家族がいるため、それなりの〝上がり〟になります。

グラウンドの脇の売店ではコーヒーやスナックも売られていて、これも収入になります。とりわけ父親たちの胃袋に流し込まれるビールは、かなりの売り上げになるは

2017-2018シーズンの最終節を楽しんだフローリア2003のメンバーと父親たち。この日ジャンマルコの父（前列右から4人目）は70分の試合中に「7本」の瓶ビールを飲み干した。

ずです。

小口とはいえ、スポンサー料も貴重な収入源です。街クラブのサッカー場には広告バナーが貼りめぐらされ、ユニフォームにスポンサーが入ることもあります。広告主の多くは地元の中小企業や商店など。これには税金対策という意味合いもあります。国に収めるくらいなら、地元クラブに貢献しようという考え方です。

移籍金という〝臨時収入〟が入るケースもあります。街クラブは、年会費が免除される13歳から選手の所有権を保有します。その後、飛躍的に実力を伸ばした選手には強豪クラブからオファーが届くこともあり、2000ユーロ（約26・5万円）前後の移籍金が発生します。

週末に1000試合が開催されるフィレンツェのアマチュアサッカー

角を曲がればサッカー場。これは少し大げさな表現ですが、イタリアにはいたるところにサッカークラブがあり、そのすべてが地域に欠かせない存在です。

平日でも夕方になると、サッカー場から子どもたちの元気な声が聞こえてきます。週末は朝10時から年少組のリーグ戦が始まり、子どもたちの声や父親たちの野次と笑い声が聞こえてきます。これが百年以上続くイタリアの風物詩。フィレンツェ県だけでも毎週1000試合ほど行われています。街角からクラブがなくなってしまったら、街は途端に活気を失うことでしょう。クラブは地元の人々が集う、いわば〝街の心臓〟なのです。

イタリアでは、親子三代で同じクラブに通う一家も少なくありません。祖父が着たユニフォームに、息子や孫が袖を通す。こうしてクラブは、イタリア人の心のよりどころになっていきます。

フィレンツェには、《アルベレータ》という万年最下位クラブがあります。毎試合ボロ負けなのですが、私はこのチームの子どもたちのことを気の毒だとは思いません。0－10になってもあきらめず、最後の最後で意地のゴールを決めてみせる。その瞬間の子どもたちと親たちが歓喜する様子には、ちょっと感動的なものがあるからです。

息子のスケジュールは休みだらけ

イタリアの子どもたちは、どのような流れでシーズンを過ごしているのでしょうか。

ここではフローリア２００３に所属する、14歳[14]の私の息子が過ごした２０１７－２０１８シーズンをサンプルに見ていきます。無名の街クラブも有名なプロクラブも基本的には同じスケジュールです。

年間スケジュール
——夏休みの３カ月は丸々オフ！

まずは年間スケジュールから。イタリアではバカンスが明ける8月末から9月上旬

14)　イタリアの学校制度は小学校5年間（6～10歳）、中学校3年間（11～13歳）、高校5年間（14～18歳）、大学5年間、9月始業・6月終業。14歳（高校1年）は日本の中学2～3年に相当。

イタリアアマチュアサッカーの年間スケジュール

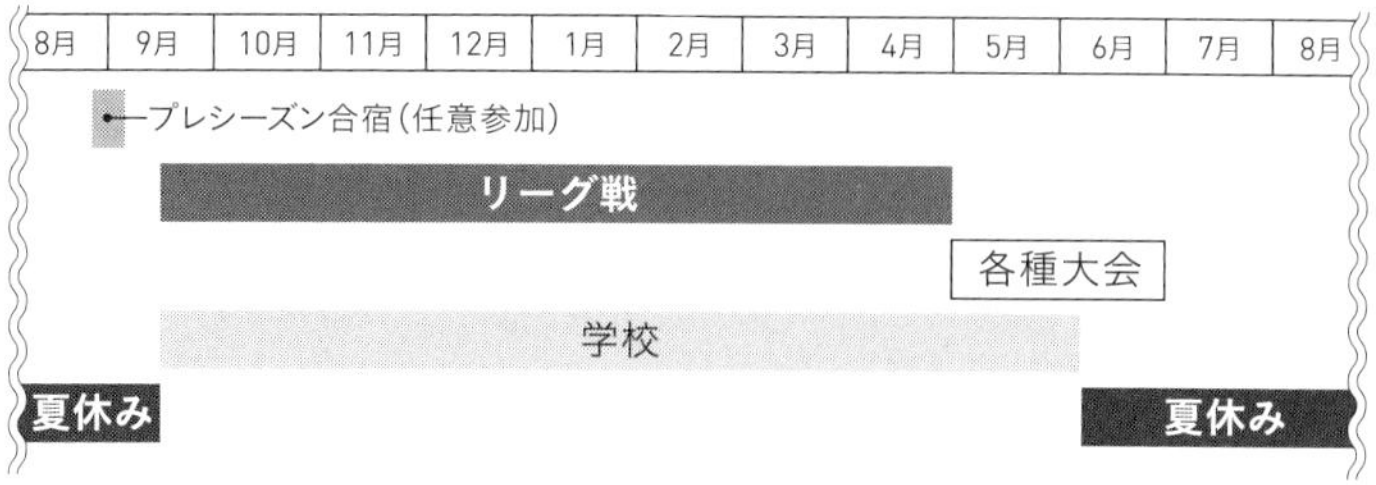

に、新シーズンに向けたプレシーズン・キャンプが行われます。期間は10日前後、もちろん参加不参加は任意です。

リーグ戦は、前述したようにセリエAとほぼ同じスケジュールで行われ、新学期が始まる9月15日の2日後、9月17日に開幕して翌年4月28日に終了。7カ月半で30試合を消化する長丁場でした。

もっとも、リーグ戦が終了しても活動は続きます。5月から6月上旬には、各クラブが主催するミニトーナメントに参加。そして6月8日に学校が終業。ここから3カ月にも及ぶバカンスが始まります。この間チームは活動を停止。練習は一切ありません。

つまり、イタリアの少年チームが活動するのは1年のうち9カ月だけ。真夏も練習を休まず、1年中活動している日本のチームと比べると、イタリアの子どもはかなり休んでいることがわかります。

ちなみにイタリアの子どもたちは、バカンスをこんなふうに過ごしています。イタリア人の多くはバカンスになると海へ出かけますが、丸々3カ月、海で過ごすわけではありません。子どもたちと違って、大人はそこまで休みがあるわけではないからです。一般的に海で過ごすのは3、4週間くらいでしょうか。

海に行くと、子どもたちがやることは三つ。サッカー、海水浴、睡眠です。イタリアはボールさえあれば、誰とでも仲良くなれる国。ペンションが建ち並ぶ海辺には必ずサッカーコートがあり、うちの息子は暑くなる前の朝早い時間に、近所の子どもたちとサッカーをします。ボールを蹴ったあとは海で泳ぎ、お昼を食べたら昼寝。陽《ひ》が落ちるころに起きて、今度は砂浜でサッカーをします。

散々遊んでぐっすり眠ると、成長が促進されるのか、バカンスを境に見違えるように大きくなる子どもも少なくありません。

10代半ばになると、この三つにディスコが加わります。踊ることは最高のストレッチであり有酸素運動。夜更かしさえしなければ、これもまたいい練習です。

週間スケジュール――サッカークラブの活動は週3日

次はシーズン中の週間スケジュールを見ていきます。

リーグ戦は土日のどちらかに行われ、日曜が試合の場合は、火曜と木曜の2日だけ練習が行われます。土曜が試合の場合は、月火木の3日間、練習が行われます。昨季は土曜ゲームが多かったため、週3日パターンが多くなりました。といっても火曜の練習は自由参加なので、集まる子どもは全21人中半数ほど。人数が少ないため、同じ時間に練習する1歳下のチームと紅白戦をすることが多くなりました。これも〝お兄ちゃんと弟〟が一緒にワイワイ遊ぶといった雰囲気です。

ちなみに街クラブの練習頻度は「週2日」が大多数。「週3日」はかなりの少数派です。これ以上の頻度で練習をしているチームは皆無に等しく、1週間のうちにオフが1日もないチームはありえません。

つまり、1年で9カ月、週2日の練習と週末の試合が続く〝蹴球3日〟のイタリア

イタリアのサッカー少年の週間スケジュール例

スケジュール①			スケジュール②（前週の土曜日が試合の週）	
午前	午後	曜日	午前	午後
学校（8:00～12:00）	㊡ 練習オフ	月曜日	学校（8:00～12:00）	練習（18:45～20:15）
学校（8:00～13:00）	練習（18:45～20:15）	火曜日	学校（8:00～13:00）	練習（18:45～20:15）※任意参加
学校（8:00～13:00）	㊡ 練習オフ	水曜日	学校（8:00～13:00）	㊡ 練習オフ
学校（8:00～12:00）	練習（18:45～20:15）	木曜日	学校（8:00～12:00）	練習（18:45～20:15）
学校（9:00～13:00）	㊡ 練習オフ	金曜日	学校（9:00～13:00）	㊡ 練習オフ
学校（8:00～12:00）	試合（㊡ 練習オフ）※	土曜日	学校（8:00～12:00）	試合（㊡ 練習オフ）※
試合（㊡ 練習オフ）※	㊡ 練習オフ	日曜日	試合（㊡練習オフ）※	㊡ 練習オフ

※試合は土日のいずれか1日。試合がない日はオフに充てられる。

の子どもたちは、年間110日から120日ほどしかチームで活動していない計算になります。これだけ練習日が少ないチームは、日本の中学や高校の部活ではほとんどないかもしれません。

1日のスケジュール——毎日昼寝を欠かさない

最後に、うちの息子を例に、イタリアの子どもたちの一日の過ごし方をのぞいてみましょう。

イタリアの中学、高校は昼過ぎに授業が終わります。子どもたちは帰宅して、自宅で少し遅めのランチを食べます。お腹が満たされたら、1時間ほど昼寝。こんなふうにイタリアでは多くの子どもたちが昼寝をしているようです。

昼寝でリフレッシュしたあとは勉強タイム。日本では塾に通う子どもが多いですが、イタリアに塾はありません。[15] 各家庭の経済事情にもよりますが、もっと勉強がしたい子どもは自宅でプライベートレッスンを受けるのが一般的です。

退屈な勉強を終えると、ご褒美が待っています。そう、サッカーの時間です。

15） イタリアには中学・高校・大学の入試がない。ちなみに校則もない。

イタリアのサッカー少年のスケジュール例（平日）

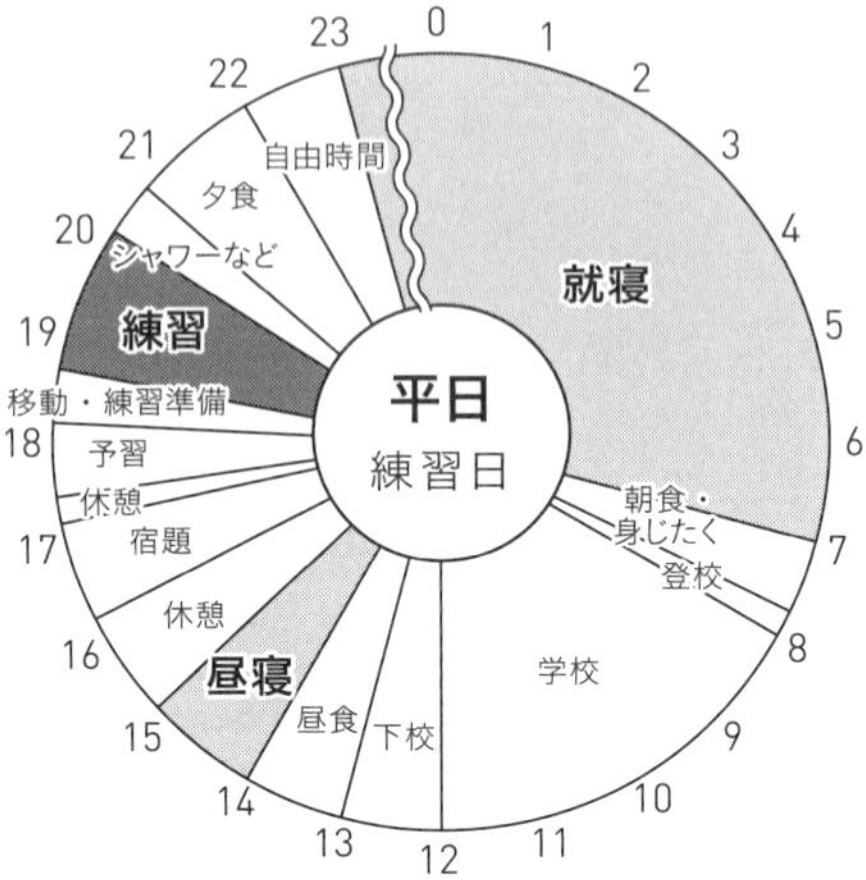

平日の練習は週2日が基本

学校の授業は昼過ぎに終了。自宅でランチを食べたら昼寝

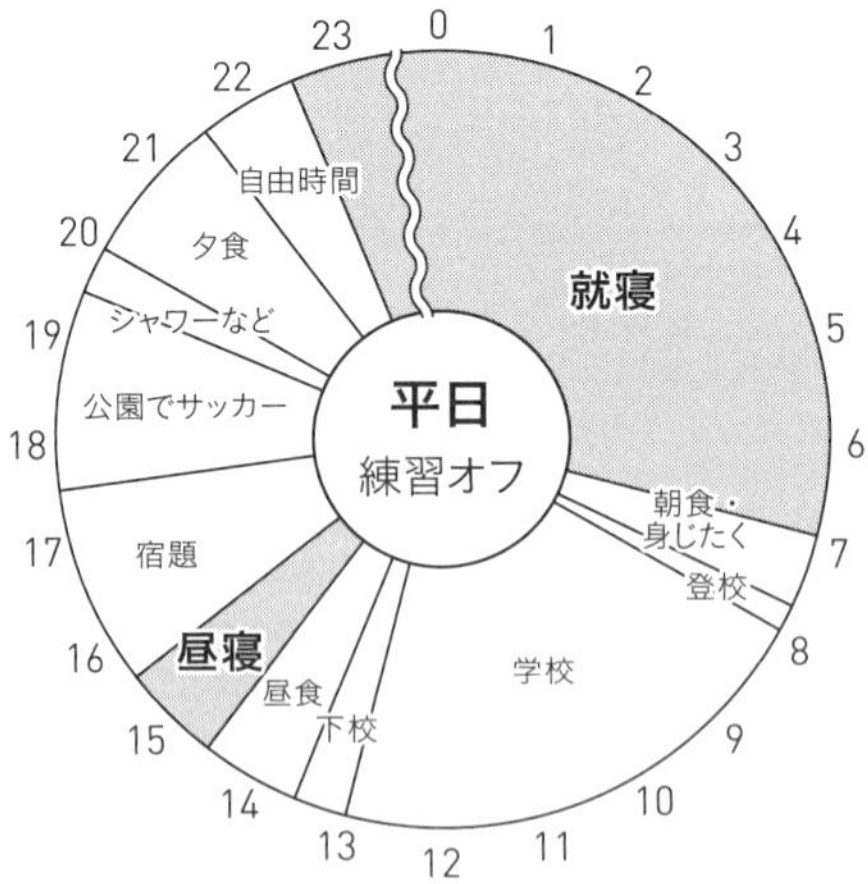

自宅での勉強も大事な日課

練習のオフ日は公園でサッカーをして遊ぶ！

イタリアのサッカー少年のスケジュール例（週末）

週末は真剣勝負のリーグ戦が1試合

試合がない日は完全オフ！

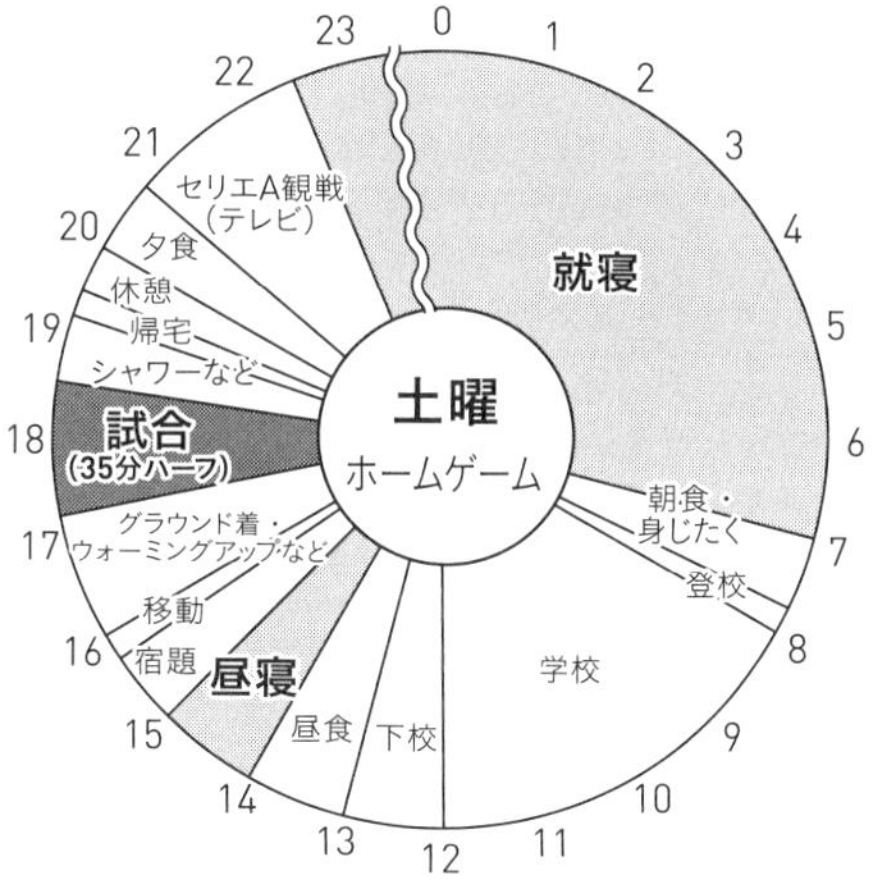

睡眠時間は8時間以上

アウェイゲームには試合以外の楽しみも！

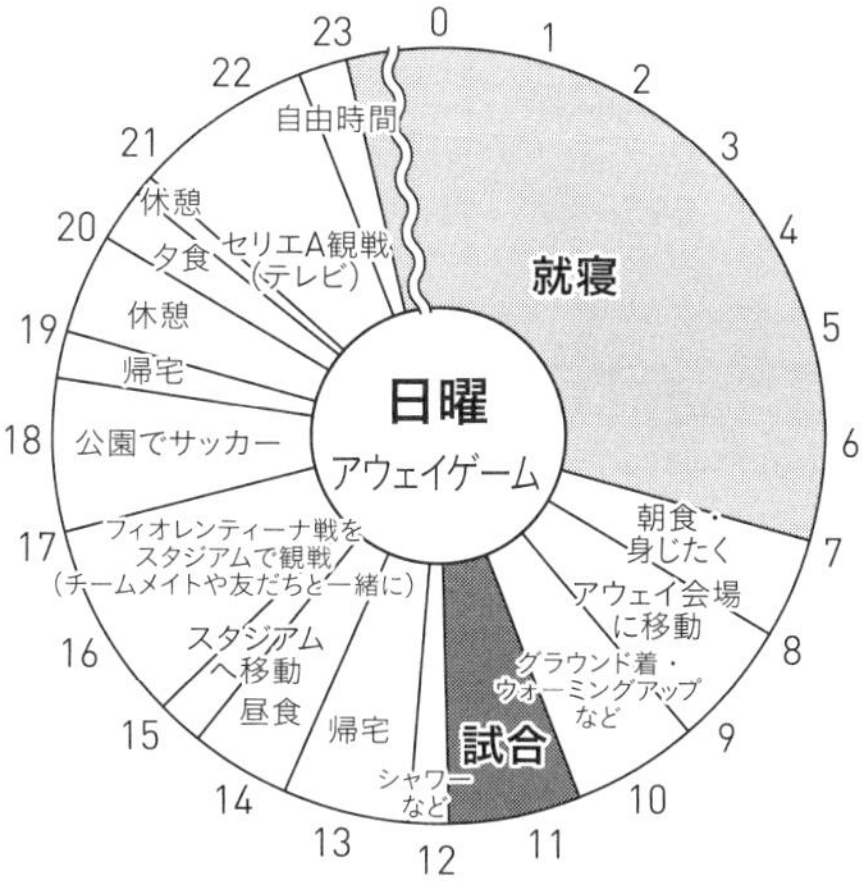

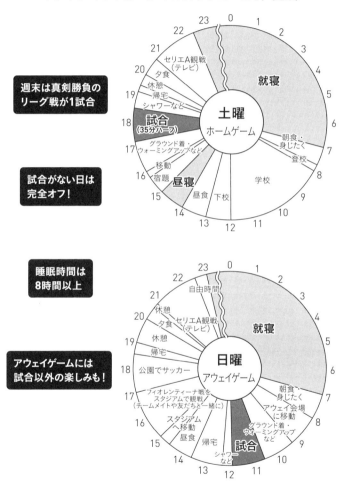

チームの練習はいつも18時45分から始まり、きっかり90分で終わります。練習上がりにシャワーを浴び、さっぱりして帰宅。そこから遅めの晩ごはんを食べます。

練習がない日は2時間弱、ダゼーリオ広場で仲間とサッカーをして遊びます。テデスカやスカルティィーノで遊んで、最後にひたすらゲームをすると、お腹がペコペコに。それが帰宅の合図です。1時間ほどかけて夕食をとり、23時までには眠りにつきます。


週末には週に一度のリーグ戦が行われます。

土曜にアウェイゲームがあるときは、昼寝のあと、すぐに会場に向かわなければならないので、ちょっと慌ただしくなります。試合が夕方に行われるときは、試合後にみんなで地元のトラットリア[16]に行き、親子一緒になってにぎやかに食事をします。セリエAのビッグマッチがあれば、テレビを見ながら大騒ぎ。こうして週末の夜は暮れていきます。

試合が日曜にあるときは、10時半キックオフなので正午過ぎに終わります。ランチを自宅で食べ、いつもより長く昼寝をして、夕方にはダゼーリオ広場へ。近所の仲間

16) trattoria。イタリアの大衆食堂のこと。

たちとサッカーに興じます。

もちろん個人差はありますが、イタリアの少年たちはおおむね、こんな日常を過ごしています。

ちなみに、先ほど「年間110日から120日ほど」と書きましたが、これはあくまでチームとしての活動日数です。

このようにイタリアの子どもたちのスケジュールは休みだらけですが、実際には毎日のようにたっぷりとサッカーをして遊んでいます。

チーム練習は週2日が基本だが、イタリアの子どもたちは、時間を見つけてはサッカーで遊んでいる。

日本にあって
イタリアにない練習と習慣

朝練、居残り、走り込み、説教、
そして体罰

ここまで、イタリアのサッカー少年のスケジュールを見てきました。この中には日本ではお馴染みの〝あるもの〟がありません。みなさんは気づきましたか？

正解は「朝練」と「居残り練習」です。

さらに練習内容に目を向ければ、日本にあってイタリアにないものはほかにもあります。例えば、日本で日常的に行われている「走り込み」が、イタリアにはありません。また監督の「説教」や「体罰」もなければ、「大勢の控え選手」や「厳しい上下関係」といったものもありません。

日本のスパルタ式の猛練習は、イタリアから見るとちょっとやりすぎに思えます。炎天下での長時間練習、敗戦後の監督の説教、罰としての走り込み……。そのようなことがすべてのチームで行われているわけではありませんが、日本ではそれほど珍しい光景ではありません。でも、私がそんな〝日本の事情〟をイタリア人たちに説明すると、彼らは一様に、怪訝《けげん》な顔をして言います。

「君が嘘つきだとは思わない。でもそんな無茶、あるわけないだろう?」

まったく話が噛み合いません。

「アマチュアの、それも子どもたちが試合に負けたという理由で殴られて、走らされるって? それを強いる監督の行為は明らかな犯罪だよ」

あらゆる分野で世界の最先端を行く日本、その国の少年サッカーで、なぜそうした「犯罪」が行われているのか、イタリア人にはまったく理解できないのです。この反応は、おそらくイタリア人だけに限ったことではないでしょう。

休養こそ最高の練習である

イタリア人が長時間練習を行わないのは、「長くやれば上手くなる」という発想がないからです。彼らはむしろ「練習のやりすぎは良くない」と考えます。

フィレンツェから西へ車で1時間ほどのところに位置する人口4万人の田舎町、エンポリに、エンポリFCというプロクラブがあります。トップチームはセリエAとBを往復する典型的な〝エレベータークラブ〟ですが、こと育成に関しては国内有数の実績を誇ります。ヨーロッパサッカーに詳しい方なら、クラブの名前を耳にしたことがあるかもしれません。

エンポリでは、練習に来る子どもたちにSNSで質問に答えることを義務づけています。質問は次の4つ。

① 睡眠時間は？

② よく眠れた？
③ 筋肉や関節に痛みや違和感は？ あるなら、その部位は？
④ 前回の練習の疲れは完全になくなった？

「よく眠れなかった」「ふくらはぎに張りがある」といった回答があれば、その文面はドクターやフィジオセラピスト（理学療法士）に転送され、子どもはグラウンドではなく医務室へ行くことになります。そして必要な処置を受け、回復のために何をすべきか指示されます。「練習を休みなさい」という判断が下されることも珍しくありません。

私はイタリアで出会った多くの指導者に「育成年代で最も大切なことは？」と尋ねてきました。このとき、非常に高い確率で返ってくるのが、「休養」という答えです。反対に「最も怖いことは？」と尋ねると、彼らは異口同音に「ケガ」と答えます。

言うまでもなく、休養とケガは表裏一体です。ケガをしないために、休養をたっぷりとる。考えてみれば当たり前のことです。

短期間で身長が急激に伸びることがあるように、子どもの身体は完全には出来上がっていません。その大事な成長期に過度の練習を課せば、ケガのリスクが高まります。十分な休養をとらずに練習や試合に臨めば、そのリスクはさらに高まります。


イタリアのサッカー界には、こんな言葉があります。

「休養こそ最高の練習である」

休養は子どもの身体をケガから守るだけでなく、成長を促します。

そのため、この国のサッカー界のトレーナーやドクターは、成長期での過度な練習の危険性を口を酸っぱくして訴えています。

過度の練習をすることで、最も負担がかかるのが関節です。成長過程の関節が圧迫されるとケガのリスクが高まるだけではなく、身体の健全な発育が阻害されます。特に気をつけたいのが股関節。ここに痛みがあるときは、要注意です。痛みが完全に消えるまで練習を休ませてあげなければなりません。

休養の中で最も重要な役割を担っているのが睡眠です。眠っている間に子どもは身体を修復し、成長していきます。「休養こそ最高の練習」と言われるのは、そのためです。

日本には、休まずにハードワークすることが推奨される文化があります。近年は見直しの機運も高まりつつありますが、私たちの身体に染みついたこの習慣は、とりわけスポーツの育成の現場ではまだ根強く残っているようです。しかし、いわゆる〝猛練習〟はさじ加減を間違えると「最悪の練習」になります。十分な睡眠を確保するという観点からも、朝練や居残り練習は見直されるべきでしょう。

子どもたちにとって適切な練習時間や練習量を知る、わかりやすい目安があります。

「ああ、疲れたー!」

「お腹ペコペコー!」

身体は素直です。子どもたちからそんな声が上がったときが、練習を切り上げるベストタイミングです。

サッカーはマラソンではない

日本の子どもたちの練習が長時間化する原因の一つが、「走り込み」です。走ることに時間を割いていれば、必然的に練習時間は長くなります。

前述したように、イタリア人は走り込みをしません。仮に指導者が「グラウンド10周！」と命じたところで、イタリアの子どもは「サッカーはマラソンじゃない！」などと言い出すでしょう。

そうです、サッカーはマラソンではありません。

サッカー選手は90分を通じて、常に動いています。その中にはキック、ダッシュ、ストップ、ジャンプなど、マラソンにない動きが数多く含まれています。また正しいときに正しい場所にいて、正しい動きをする判断力が求められます。

走り込みをすれば、「今日はがんばった」という充足感は得られるかもしれません。しかし走り込みは、疲労を蓄積させるだけです。疲れがたまれば、当然ケガのリスクも高まります。

走り込みの弊害は、もう一つあります。長い距離を延々と走っていると、頭がぼんやりしてきます。つまり、判断力がみるみるうちに低下していく。この状態でサッカーをしても、いいプレーはできません。なぜならサッカーは、瞬時の連続した判断が求められるスポーツだからです。

それではサッカーが上手くなるためには、どんな練習をすればいいのでしょう。

答えは一つ。サッカーをすることです。言うまでもありませんが、それは単調な走り込みよりもずっと楽しいものです。夢中でボールを追いかける中で、子どもたちは気づかないうちにサッカーに必要な体力や判断力を養っていきます。

走り込みについて、もう一つ。日本では試合に負けたり、練習での出来が悪かったりすると、罰としてグラウンドを走らせる習慣があるようです。こんなことは、百害あって一利なし。今すぐにやめましょう。子どもたちをオーバートレーニング症候群へと追い込んではなりません。試合に負けた責任とは、子どもたちではなく監督自身が取るべきものです。

イタリア人はスポーツで〝人間教育〟をしない

最後に、「説教」と「体罰」にも触れておきたいと思います。

日本では練習後や試合後、監督が子どもたちを集めて延々とダメ出しをする光景が見られます。これが良い結果や子どもたちの成長につながるとは思えません。

練習や試合を終えた子どもたちの身体が、一番求めているもの。それは休養です。真夏の炎天下や真冬の寒さの中で延々と責められては、身も心も悲鳴を上げてしまうでしょう。

体罰について、一つはっきりさせておきましょう。それは、体罰は暴力であり、犯罪であるということです。暴力や暴力への恐怖心によって子どもたちを支配するのは、指導能力の欠如を自ら認めるようなもの。子どもを殴るような指導者は、イタリアにはいません。仮にいれば、即刻クビ。指導者として再起することすらできません。

たびたび問題となりながらも、日本のスポーツ界からこの〝悪《あ》しき文化〟がなくならないのはなぜでしょうか。思い当たるのが、「スポーツを通じた人間教育（もしくは人間形成）」という言葉です。私にはこれが説教や体罰を正当化させる土壌となっているように思えてなりません。

イタリアではスポーツの現場に「人間教育」という言葉は一切出てきません。なぜなら、スポーツはただ純粋に楽しむためにやるものであり、優れた人間になるためにやるものではないからです。

例えば日本では、五輪でメダリストが生まれるたびに、選手が厳しいトレーニングに耐えたエピソードや人格面にフォーカスした報道がなされます。「苦労を乗り越えて栄光にたどり着いた」

これが日本で好まれるストーリーです。しかし、「勝つためには苦労しなければならない」という考えを育成の現場に持ち込んでしまうと、理不尽な猛練習の肯定にもつながります。

「スポーツは苦しいもの」

そんな考えから、そろそろ卒業しませんか。スポーツは楽しむためにやるものです。楽しんでこそ上達し、その先に勝利が待っているのです。

フィジオセラピストに学ぶ育成年代の〝当たり前〟のこと

今まで述べてきたように、日本とイタリアでは、練習の考え方や方法に大きな違いがあります。日本に根強く残る朝練や居残り、走り込みや体罰が、イタリアにはありません。それは結果を厳しく問われるプロクラブの下部組織であっても同じです。
先ほどエンポリＦＣの例を挙げましたが、育成に定評のあるこのクラブでは、どのように子どもたちを育てているのでしょうか。Ｕ－17を担当するフィジオセラピスト（理学療法士）のフランチェスコ・マリーノに話を聞きました。

適切な練習時間と負荷・休息

エンポリに通う子どもたちにとってマリーノは、少々煙たい存在かもしれません。というのも、彼は子どもたちが何よりも好きな練習を〝休ませる〟役目を担っているからです。

「子どもたちは多少の痛みがあっても、絶対に休もうとしません。でも、彼らが抱える違和感を見抜けないようでは、プロとは言えない。実際、どこにどの程度の痛みがあるかは、調べれば正確に把握することができますよ。ですから一度故障があるとわかれば、あとはどのように選手を説得して休ませるか、そこが大事になるわけです。子どもたちも休みの大切さは理解していますが、それでもボールを蹴りたくて仕方がないので素直には休んでくれません。『ちょっとだけ蹴って状態を確かめます』などと言って、グラウンドに出ていこうとするのが4、5人はいますからね」

マリーノは育成年代の適切なトレーニングの時間と負荷、さらには休息の取り方について次のように考えています。

「13歳から15歳までは練習は週3日、一度の練習は90分、長くても100分がリミットです。16歳、17歳では週4日、練習時間はこちらも90分、長くても100分が限度です。これに週末の試合が加わることを考えれば、これ以上増やすべきではありません。また適切な食事と十分な睡眠時間の確保も重要です。エンポリでは、選手たちに1日8時間の睡眠を義務づけています」

すでに紹介したように、エンポリは練習に来る子どもたちに4つの質問に答えることを課しています。これはクラブの財産である子どもを守ることはもちろん、参加人数を早く把握して、より効率のいい練習メニューを組むためです。

ここで私は、マリーノに何気なく尋ねました。

「エンポリの下部組織では〝走り込み〟をしますか？」

ところが、これが通じません。繰り返しになりますが、イタリアには「走り込む」という言葉がありません。言葉がない。それはつまり、実際に走り込みが行われていないことを意味します。私が日本の育成現場で子どもたちがひたすら長い距離を走っている現状を伝えると、マリーノは「わからない……」と困惑しながら語り始めました。

「長い距離をただ走るという練習は一切ないですね。シーズン開幕前に個々のコンディションのデータを収集したり、シーズン中に行う検診の一環として20分程度のダッシュをするくらいです」

エンポリU-17のフィジオセラピスト、フランチェスコ・マリーノは愛情と合理性を大切にするエンポリの育成の原則を「当然のこと」と語った。

マリーノは、「筋トレ」についても次のように解釈しました。

「可動域や柔軟性、瞬発力や俊敏性を高めることを目的としたトレーニングは適度にやりますが、筋肉の量を増やすことを目的とした、いわゆる〝筋トレ〟は行いません。というのも成長期の子どもたちにとって、過度な負荷をかけることは害でしかないからです。大切なのは成長を促すことであり、無理を強いることではないのです」

では、エンポリでは走力や筋力をつけるために何をすればいいと考えているのでしょうか。マリーノの答えは明確です。

「サッカーをすればいいのです。サッカーに必要な耐久性は、プレーをすることで技術や戦術眼とともに培われるからです。質の高い練習を行えば、それだけで選手たちは疲労します。その疲れた筋肉や関節を、〝走り込み〟によって、さらに酷使することなど絶対にあってはいけません。あなたが言う走り込みによって選手の身体が壊れたら、それを課した指導者は責任を取れるのでしょうか」

「朝練」や夜遅くまでの「居残り練習」についても、マリーノは厳しい目を向けます。

「なぜ、そのような練習をしなければならないのでしょう。それでは睡眠時間が確保できず、疲労を回復することができません。成長ホルモンは睡眠中に最も多く分泌されるわけですから、疲れた身体と心を休ませる大切さは、今さら語る必要はありません。成長期の子どもの身体が壊れやすいという事実、サッカーの厳しさは試合の中で自然と身につけられるということを、もっと大切にすべきかもしれないですね」

睡眠とならび、回復のためにもう一つ大切なことがあります。それは食事です。エンポリの子どもたちは、次のような食事指導を受けています。

「練習後1時間以内、できれば30分から45分以内に炭水化物を摂り、もちろんミネラルをふんだんに補給しながら、肉でも魚でもいいのでタンパク質を摂取することですね。これはいたって当たり前の食事だと思います」

エンポリの食事指導

練習後1時間以内に**炭水化物**を摂る
（できれば30分〜45分以内の摂取が望ましい）

さらに、

ミネラル（カルシウム、鉄、リン、カリウム、ナトリウムなど）

タンパク質（肉・魚など）もふんだんに摂取する

〝燃え尽き症候群〟が生まれない理由

日本には〝燃え尽き症候群〟という言葉があります。

厳しい監督、熱心な親から過剰な練習を強いられて、やがては心身ともにくたびれ果ててサッカーをやめていく。日本にはそうした子どもがたくさんいることを私は知っています。「それが競争の世界というものだ」という無理解によって見過ごされている事実も。

そのことを伝えると、マリーノは「私は日本の指導現場を見たことがありませんが」と断ったうえで話し始めました。

「そうした練習をやっている子どもたちは幸せなのでしょうか。彼らは自らの意思でそれをやっているのか、それともやらされているのか、そして試合に出られない子どもたちが何をモチベーションにして走っているのか……。私にはわからないことばかりです」

マリーノが理解できないのも当然です。なぜならイタリアには、過剰な練習によって意欲を失い、サッカーをやめていく子どもがいないからです。

「カテゴリーが上がるほど競争は激しくなり、クラブを去らざるを得なくなった子どもを私は数多く見てきました。しかし、サッカーへの情熱を失ってしまうような子どもを、私は一人として知りません。プロのクラブで続けることが難しければ、地元の街クラブに戻ればいい。例えば13歳でエンポリやフィオレンティーナを去った子が、2、3年後にもう一度、プロの下部組織に戻った例もあります。成長速度は子どもによって違うのですから、伸び悩んだときは一度ゆっくり休めばいいのです」

伸び悩んでいる子どもに対して、マリーノがかける言葉があります。

「たくさん食べて、好きな映画でも見て、ゆっくり休みなさい」

そこには、焦って無理してもいいことはないよ、という優しい気持ちが込められています。

私たちが会話をしている向こうでは、エンポリU－17の選手たちが楽しそうにミニゲームをしていました。ムードを盛り上げようと、監督も声を張り上げて実況しています。誰もが心からゲームを楽しんでいました。私も思わずグラウンドに飛び出していきたくなったほどです。

マリーノによると、実はこの実況にも重要な意味があるそうです。

「監督の声に対して選手の反応が鈍くなれば、それは疲労が限度を超えていたり、何らかの故障をしたサインかもしれない。私はそこを見逃さないように、注意深く練習を見ています」

これが、マリーノが「当然のことをしているまで」というエンポリの日常です。みなさんはどのように感じましたか？ 私はそこに今の日本が学ぶべきことがたくさんあるように思うのです。

Calcio!
見聞録

掲載数は800試合！ アマチュアサッカー専門新聞『カルチョ・ピュ』

イタリアではピンクの紙面でお馴染みの『ラ・ガゼッタ・デッロ・スポルト』をはじめ、多くのスポーツ新聞が発行されています。スポーツ新聞といってもその実態はサッカー新聞。シーズン中であるかどうかにかかわらず、1面から30ページを超える紙面がサッカーに割かれています。

数あるスポーツ新聞の中で、とりわけフィレンツェのサッカー少年に愛されているのが『カルチョ・ピュトスカーナ版』。毎週火曜日に発売されるこの新聞は、トスカーナ州のア

『カルチョ・ピュ トスカーナ版』
（2018年5月1日発売号）

マチュアサッカーに特化した新聞で、週末に行われたすべての試合の結果が掲載されています。先日数えたところ、なんと８００試合以上が掲載されていました。

結果と言ってもスコアだけではありませんよ。採点こそありませんが、交代選手も含めた出場選手に得点者、監督はもちろん主審の名前も載っています。

とりわけ感心するのは、かなり詳細なゲームレポートが載っているということです。試合展開やゴールシーンの描写、勝敗を分けたポイントなど、要所をきっちりと押さえています。もちろん、決定的なミスをやってしまった選手は〝実名報道〟されます。アマチュアの、それも子どものプレーであっても悪かったことは指摘する。これがイタリアのジャーナリズムです。

悪かったところを批判し、良かったところはきちんと褒める。子どもたちはカルチョ・ピュで褒められることを励みに、週末のリーグ戦に臨んでいます。

リーグ戦で活躍した子どもは、新聞が発売される火曜日が待ち遠しくて仕方がないようです。通学途中にキオスクで新聞を買い、「メッシ顔負けのドリブルで敵を抜き去って、華麗にゴールを決めたわけよ」などと、ここぞとばかりクラスメイトに自慢しまくるのです。

Un anno in 70': il Firenze Ovest si aggiudica il big match con il Soccia
Novoli
San Giusto L.B.

フィレンツェ県リーグの情報も満載だ。

Giovanissimi Regionali
Montevarchi
Tau Altopascio 4
Olimpia Firenze 2
Forcoli Val
Venturina

州リーグも試合ごとにメンバー、得点、試合経過などが詳細にレポートされる。

数年前、アドリア海に面したジュリアノーバという街にマルコ・ジャンパオロ（現サンプドリア監督）の自宅を訪ねたときのこと。本人から「少年時代に通った」と聞いて取材後に立ち寄った、街クラブの事務所。年会費も安く、これといった収入源もない。このような無数の街クラブがイタリアサッカーを支えている。余談だが、サンプドリアでウルグアイ代表MFルーカス・トレイラの才能を開花させたジャンパオロは、「いつか日本のクラブを指揮したい」と私に語ってくれた。

第4章

イタリアの親とサッカーの〝距離感〟

少年サッカーにかかる「お金」と「時間」

相場は年間4万円代

「子どもをクラブに通わせるのに、イタリアでは年間どれくらいかかりますか？」

サッカー少年少女を育てる日本の親御さんから、よく聞かれる質問です。

前述したようにイタリアの街クラブでは、12歳までお金がかかります。[17] これはお金を払ってサッカーを教えてもらうという考え方。13歳以上になると年会費は無料になります。これは選手の保有権をクラブが持つことになるからです。

さて、12歳までの選手が支払う年会費の相場は300から350ユーロ（約4万

17）一方、エンポリなどプロクラブでは12歳以下も完全無料。練習に来るための移動費などもすべてクラブが負担する。

円から4・6万円）。つまり1カ月3500円程度。250ユーロ（3・3万円）のクラブも少なくありません。これだけ払えば、誰もが毎週2回以上の練習と年間最低30試合のリーグ戦、さらにはリーグ戦終了後の各種大会に参加することができます。もちろん保険代、登録料、ユニフォーム代も年会費に含まれます。

「1カ月3千円？　それは安いですね」

日本の親御さんからは、たいていそのような反応が返ってきます。イタリアの少年サッカーはリーズナブルです。サッカーは大衆のもの。貧富の差にかかわらず、誰にでも開かれています。なお、すべての街クラブが各自グラウンドを所有しています。

日本では、平日限定のスクールだけで1カ月に1万円以上を支払っている家庭も少なくないようです。ちなみに、日本サッカー協会の公式サイトによると、私の地元、熊本で中学1年生から3年生を対象に活動するJFAアカデミー熊本宇城では、一次・二次・最終選考試験の受験料の合計2万7000円に加えて、年間96万円の活動費が必要になるそうです。さらに初年度は入学手続金15万円が別途かかるので、合計すると113万7000円。正直、目玉が飛び出すような金額です。[18]

18）ただし、「ご家庭の経済状況や事情の変化により、アカデミーに支払う活動費に対する減免を行う場合があります。」とも記載されている。http://www.jfa.jp/youth_development/jfa_academy/kumamoto_uki/cost.html（2018年6月20日閲覧）

子どものサッカーにかかる費用で、バカにならないのがスパイク代。昨季、うちの息子は3足履きつぶしました。子どもの足が日に日に大きくなっていくのはうれしいことですが、3足もスパイクを買い代えるのはかなりの負担ですよね。

ところが、イタリアでは子どものスパイク代はほとんどかかりません。というのもクラブの倉庫には、年長さんたちが履けなくなったそこそこ新しいスパイクがたくさん保管されているからです。その中から、自分に合ったものを探して履けばいいだけのこと。ちょっと匂いがあっても、そこはイタリア人。まったく気にしません。

「国際経験」は本当に必要?

サッカーにかかる費用で、ちょっと気になるのが国外遠征の費用です。

日本の少年サッカークラブの中には、毎年ヨーロッパや南米への遠征を行うところもあるようで、親御さんが工面している旅費の高さには驚かされます。

島国である日本では、いつの時代も〝国際経験〟の重要性が叫ばれます。しかし、イタリアには国外遠征をするような街クラブは皆無です。そもそも国外遠征をするための経済的な余裕などありませんし、田舎町での夏のプレシーズン合宿でこと足りるからです。

イタリアに限らずヨーロッパでは、プロクラブはもちろん、無名の街クラブでも、期間限定で外国からの子どもをチーム単位、あるいは個人単位で受け入れているところがあります。これは財政が厳しい多くのクラブにとって、貴重な収入源となります。ただ、運営サイドはともかく、現場が外国の〝お客さん〟を歓迎しているかどうかはわかりません。チームは毎週末の試合に向けた準備に忙しく、〝接客〟をしている暇はないからです。選手が増えれば当然、練習効率も落ちてしまいます。

子どもたちの〝経済格差〟も気になります。

日本人も含めてヨーロッパにやって来る子どもは当然裕福で、当たり前のように高価な最新スパイクを履いています。それを現地の子どもたちが羨《うらや》ましそうに見つめている……。それはちょっと胸が痛む光景です。日本のみなさんには、そんな現実があることも知っておいてほしいと思います。

〝お父さんコーチ〟の出番がない

日本の知人によると、日本の親御さんたちはとても熱心に子どものチームの手伝いをしているそうです。送迎の車を出したり、ドリンクを作ったり、ときには練習相手になったり。仕事や家事が忙しくて手伝えない親御さんが申し訳ない思いをするとも聞きました。

そんな日本の少年サッカーの事情を聞くたび、私は驚いてしまいます。というのも、イタリアでは親がチームの練習を手伝うことがないからです。

子どもたちが通うクラブには、小さな街クラブでもＵＥＦＡ（ヨーロッパサッカー連盟）公認のライセンスを持つ指導者がいて、医療体制も整っています。その道の専門家がいるのだから、素人の出る幕はありません。

子どもが幼かったり近所にクラブがない場合には、もちろん親が送り迎えをします。週末のリーグ戦でアウェイに遠征するときも同様。ただ、親が忙しいときには、決まって誰かが送り迎えを買って出てくれます。このあたりは日本も同じですよね。

イタリアのパパは〝自己犠牲〟しない

息子のサッカーを見ることはパパの〝特権〟

では、イタリアの親はどのように子どものサッカーにかかわっているのでしょうか。父親たちには送り迎えのほかにもう一つ、大事な役目があります。それは応援です。試合はもちろん、練習でも、イタリアのグラウンドはにぎやかです。というのも、親たちが子どもたちに負けないくらい騒いでいるからです。

ちなみに練習見学や試合の応援に来るのは、ほとんどが父親です。なぜなら、息子

のサッカーを見守るのは父親の役目、あるいは権利だとイタリアでは考えられているからです。

サッカー場は、愛するわが子が一番輝く場所。そこに行くことは父親の〝特権〟であり〝生きがい〟です。たとえ仕事で疲れていても、父親たちは「俺が行かなきゃ勝てる試合も負けるだろ！」と喜々としてグラウンドに駆けつけます。

“La partita più bella è quella del figliolo（世界で最も美しいのは我が息子の試合）”。イタリアの父親たちは今日もグラウンドにやって来る。

イタリアの父親たちには応援以外の楽しみもあります。

フィレンツェがあるトスカーナ州は美食で知られ、ちょっと田舎に足を伸ばせば、新鮮な地元産の肉や野菜が食べられる評判のトラットリアがいくつもあります。そういうところでアウェイゲームが行われると、試合後はみんなでトラットリアに直行。飲めや歌えやの大宴会になるのです。試合に勝っても負けても、父親たちは上機嫌。カルチョを肴《さかな》にワインを何杯もおかわりして、べろんべろんになって〝ホーム〟に帰っていきます。これぞ最高の週末ではないでしょうか。

パパ軍団は子どもよりうるさい

それでは試合中の父親たちは、どんなふうにゲームを観戦しているのでしょう。18人の選手が登録される週末のリーグ戦には、いつも15人前後の父親が応援に駆けつけます。残る3人は仕事や二日酔いといった理由で泣く泣く欠場です。

パパ軍団は非常に結束が固く、それなりに役割分担ができています。

まず、1人が野次将軍に君臨。配下に10人ほどを従えて、審判を盛大に野次ります。ここでの野次は、いかに周りを爆笑させるかが勝負です。残る4人は野次にゲラゲラ笑い転げたり、敵の野次にツッコミを入れたりしています。

このパパ軍団の弾けっぷりは、肝心のゲームより面白いかもしれません。野次将軍はしばしば敵の野次将軍と壮絶な罵り合いを繰り広げますが、試合が終わるとすべてを水に流して仲良くビールを飲みながら談笑しています。私はこの光景を見るのが大好きです。

イタリアの親たちは期待を〝押しつけない〟

ひょっとするとイタリアの父親たちは、子どもの試合を子ども以上に楽しんでいるのかもしれません。これは日本とイタリアの大きな違いでしょう。

日本の親は子どもの勉強やスポーツを熱心に応援します。それはとてもいいことですが、イタリアの親と比べると、「子どものため」という気持ちがちょっと強すぎるようにも感じられます。

「こんなに応援しているのに」

「せっかくお金を出してあげたのよ」

そういった親の過剰な期待や自己犠牲は、子どもの重荷になりかねません。サッカーは誰のためでもなく、自分のためにやるもの。そうでなければ楽しめず、結果的に上手くはならないと思います。

いつもバカ騒ぎをしているイタリアの父親たちですが、私がとてもいいなあと思うことがあります。それは子どもが落ち込むようなネガティブな声かけをしないということ。「なんでできないんだ？」とか「そうじゃないだろ！」といった声は、イタリアではまず聞きません。

「オレはセンターバックとして生まれてきた」と自ら信じて疑わないロッコ（左）〔65ページ参照〕とその父アレッサンドロ（右）。写真中央の男性はチームメイトの一人、ダビデの父ロレンツォ〔第5章「カルチョ見聞録」参照〕。

イタリアの父親たちは、わが子がグラウンドで弾けているのを見るだけで心が満たされるのです。子どもたちに負けじと大騒ぎする父親たちの姿は、「自由に生きていいんだぞ」という子どもたちへのメッセージなのかもしれません。

〝熱心なサッカーママ〟がいない？

息子の無事を祈るイタリアの〝マンマ〟

イタリアの少年サッカーのグラウンドに集まるのは父親ばかり。たくさんの母親が見守る日本とは、だいぶ雰囲気が違います。

例えば私の息子が所属するフローリア２００３では、練習上がりの子どもを迎えに来る〝マンマ（お母さん）〟はクリスティアンの母親サマンタだけ。リーグ戦を見に来るのは多くて３、４人といったところです。

では一般的に試合に来る数少ない母親たちは、どんなふうに子どもを応援しているのでしょうか。

彼女たちは「行け！ 決めろ！ キャー！」などと金切り声で叫ぶことはありません。ましてや戦術論をぶったりするようなこともありません。イタリアでは「サッカーは男のもの」と相場が決まっているからです。

彼女たちは、ひたすら子どもの無事を祈っています。ほとんどサッカーに興味がない彼女たちも、このスポーツがとても激しいことだけは知っているのです。

ただフローリア2003の母親には、一人だけ例外がいます。クリスティアンのマンマ、サマンタです。ナポリ生まれの彼女は、オペラ歌手のようによく通る大声で、「ちょっとあんたたち、うちの子をケガさせたら、ただじゃおかないからね！」と、対戦相手の子どもたちを〝威嚇《いかく》〟して、笑いを取っています。

イタリアの子どもにとって、母親は〝ブレーキ〟役にもなっています。

「たくさんゴールを決めて、ついでに彼女も見つけてこい！」と息子の背中を押すアクセルが父親なら、「サッカーに行くなら、その前にちゃんと宿題しなさい！」とブレーキを踏むのが母親です。そんなうるさい母親の監視の目をかいくぐり、子どもたちは仲間たちが待つ公園を目指す。イタリアの家庭では今日も母と子の果てしない駆け引きが繰り広げられています。

洗濯物の〝くさい自慢〟

イタリアの母親たちは日本と違って朝練に合わせて早朝に起き、お弁当を作るようなことはありません。そもそもイタリアには朝練がありませんし、学校の授業も昼過ぎには終わるため、子どもたちは家庭でお昼を食べるからです。

とはいえ、サボれない仕事もあります。洗濯です。

夏のプレシーズン合宿が終わると、ママ友の間では「洗濯」が井戸端会議の話題となります。

「息子の洗濯物がすごいことになってたの……」

「ウチのバカ息子もそう。丸々10日分の汚れ物をバッグに詰め込んで帰ってきたのよ。

しかもスーパーのビニール袋に入れて！」

「ウチのも同じよ。家中に匂いが充満して、もう死ぬかと思ったわ……」

洗濯物の〝くさい自慢〟で盛り上がるのです。

くさいくさいと文句を言いながら、「これをいつか、誰か別の女性が洗うことになるのかしら……」と想像しては、ぽろりと涙をこぼす。これが人情味あふれるイタリアのマンマです。

子どもを抱きしめるということ

うちの息子は練習場や試合会場で、クリスティアンのマンマ、サマンタに会うたびに、彼女の〝むぎゅー〟と〝ぶちゅー〟の餌食になります。

むぎゅーとはハグ、ぶちゅーとはキスのことです。イタリアでは誰もが挨拶代わりにこれをしますが、ナポリ人サマンタのそれは、とにかく熱烈。うちの息子のほっぺにはいつも真っ赤なキスマークがつきますが、もう慣れたものです。

これはコーチと子どもの間でも、よく見られる光景です。

例えば、簡単なシュートを外した子どもを、コーチはハーフタイムに抱きしめながら、「気にしなくていいぞ。次、決めればいいんだから」と励まします。背中をポーンと叩いて送り出してあげれば、さっきまで泣きべそをかいていた子どももキリッとした表情を取り戻してグラウンドに走って行きます。

イタリアのグラウンドには子どもを肩車したり、お姫様抱っこをして走りまわるコーチの姿があります。コーチは怖くて偉い人ではなく、一緒にサッカーをする優しくて楽しいお兄ちゃん。懐の大きなコーチに見守られて、イタリアの子どもたちは成長していきます。

そして、グラウンドの脇ではお爺ちゃんたちが可愛《かわい》い孫の姿に目を細めています。私の息子が幼いころに通っていたグラウンドでは、あるお爺ちゃんが子どもを近くに呼び、抱っこしながらこんなふうに語りかけていました。「中盤じゃなくて前線の左でプレーしてごらん」。子どもたちに最も適したポジションを一発で見抜くその人の名は、クルト・ハムリン。[19] 1958年のW杯決勝を戦ったスウェーデン代表のエース。彼の優しい言葉は、多くの子どもたちの心の中に大切な宝物として残り続けています。

19) フィオレンティーナで208ゴールを記録した往年のストライカー。イタリアには一つひとつのグラウンドに名前をつける慣習があり、筆者の息子が7歳当時に仲間たちとボールを蹴っていたグラウンドの名が、まさに「Campo Hamrin（ハムリン・グラウンド）」。今年84歳となる名伯楽にはミヤザキくんもよく可愛がってもらったという。

Calcio!見聞録

イタリア楽団あるある——サッカーをめぐる不協和音

「イタリア人はサッカーが大好きです」

この一文は正しくもある一方で、間違ってもいます。もう少し正確を期すと、こうなるでしょう。

「イタリア人のほとんどはサッカーが大好きです。でも、サッカーが嫌いな人も結構います」

私には、クラシックの本場イタリアでビオラ奏者として活躍している柳川直美さんという知人がいます。この国に住んで32年になる彼女が、あるとき〝イタリア楽団あるある〟を聞かせてくれました。

「楽団のみんなとバスで演奏旅行に行くとき、サッカーの試合が始まるとするでしょう。するとサッカー好きの楽団員たちが、決まって『テレビをつけろ！ ゲームを見せろ！』と騒ぎ出すの。でも、『サッカーなんか見たくない！』という反対派もいて、楽団が真っ二つに割れるのよ」

このときばかりは〝アンサンブル〟もどこへやら……。

反対派のみなさんの気持ち、サッカージャーナリストの私にもわかります。

「この国の娯楽はサッカーだけ」と言っても過言ではないほど、テレビ、ラジオ、新聞、インターネットなど、メディアというメディアはサッカーの情報であふれかえっています。どこに行っても誰かが必ずサッカーのことをしゃべっていて、疑惑のＰＫや微妙なオフサイドの判定について、延々と論争を繰り広げています。スタジアムに行けば、〝ティフォージ〟と呼ばれる熱狂的なファンが汚い言葉を大合唱……。

好きな人にとってはたまりませんが、嫌いな人にとっては耐えがたい環境でしょう。とはいえ、〝サッカー狂国〟イタリアで暮らしていく限り、たとえ反対派であってもこの苦痛には耐えていかねばなりません。

第5章 愛情と情熱あふれる イタリアの指導者

イタリアの指導者は誰よりもサッカーと子どもが好き

監督は〝副業〟

イタリアで育成年代の選手を指導するには、小さな街クラブでもUEFA（ヨーロッパサッカー連盟）－Bのライセンスが必要です。私の息子が所属するフローリア2003チームを率いるジョバンニ監督も、このライセンスを持っています。

30代半ばの彼の本業は銀行員。副業でサッカーを教えています。街クラブの報酬は小遣い程度のため、それだけで食べていくことはできません。

ジョバンニは朝から夕方まで銀行で働き、夕方から夜にかけてグラウンドで子どもたちを教えています。そして週末にはリーグ戦。かなり多忙な毎日です。

こうした育成年代の指導者には、共通点があります。それは誰よりもサッカーと子どもたちが大好きだということです。

グラウンドのジョバンニはいつだって、子どもに負けないくらい元気です。グラウンドで子どもたちとサッカーをしている時間が、何よりも幸せなのでしょう。その気持ちは傍《かたわ》らで見学している私にも、ひしひしと伝わってきます。

監督は〝ウルトラ〟

銀行員と指導者という二つの顔を持つジョバンニには、もう一つの顔があります。そう、彼はフィオレンティーナの〝ウルトラ〟[20]なのです。

フィレンツェに生まれた男なら、これも当然の成り行きです。いつからか〝クルバ〟と呼ばれるゴール裏のスタンドで週末の午後を過ごすようになり、大一番になればアウェイゲームにも馳《は》せ参じるようになったそうです。

フローリアとフィオレンティーナの試合が重なる週末は、もちろん前者を優先しま

20） 特定のサッカークラブを応援する熱烈なファンを総称して“ティフォージ（熱病に冒された者）”と言い、その中でも特に過激な集団が“ウルトラ（Ultrà）”と呼ばれる。

す。しかし、フィオレンティーナが強かったころは、ヨーロッパリーグのアウェイゲームにもよく応援に出かけていました。チャンピオンズリーグやヨーロッパリーグは平日の夜に行われるので、週末のリーグ戦とは重なりません。

ただ、リーグ戦とはバッティングなくても、練習と重なることはあります。そんなとき、ジョバンニはあらかじめ子どもたちに宣言します。

「わかっていると思うが、来週木曜日の練習は休みにするぞ。我らがフィオレンティーナの大一番がドイツで行われるからな。これを見逃すわけにはいかんだろう」

ジョバンニが得意気に言い放った途端、子どもたちから一斉に不平不満の声が上がります。なぜなら子どもたちは、週に2日の練習を心待ちにしているからです。

するとジョバンニも良心の呵責《かしゃく》を覚えるのでしょう。「わかったわかった。その日は知り合いのコーチに頼むから」と約束して一件落着。こんな流れが定番となっていました。イタリアでは、指導者もまた子どもたちに〝自己犠牲〟を押しつけることはしないのです。

小さな街クラブに捧げたある名将のサッカー人生

魅力的な指導者たち

これまでうちの息子がサッカーを教わってきた指導者は、誰もが人間的な魅力にあふれる人物でした。

息子が出会った指導者の一人に、フィレンツェの街クラブ《オリンピア》のアンジェロ・カステッラーニという人物がいます。

街クラブの育成の大家として敬意を集めるアンジェロは1956年、サルデーニャ島[21]に生まれました。彼は路地でサッカーしているところをスカウトに見出され、

21) 西地中海に浮かぶ大きな島。州都はカッリャリ。

12歳でジェノアに入団します。右ウイングとして将来を嘱望されたアンジェロは、しかしケガにより25歳で引退。フィレンツェの新聞社の印刷部門で夜間に働きながら、昼間は下部リーグでプレーを続け、街クラブでサッカーを教えるようになりました。

指導者としてのキャリアは36年、教えた子どもは1万人を超えます。その手腕が評判になり、国内有数のクラブからもオファーが届きました。しかし彼は、街クラブでの指導に生涯を捧げようと決意。2000年からオリンピアのサッカースクール最高責任者を務めています。

勝敗よりも大切なもの

私の息子は一時期、オリンピアに通い、アンジェロの指導を受けていたのですが、「器の大きな人物だな」と感心させられることが何度もありました。

忘れられない出来事があります。

アンジェロが教えていたチームの一つに、軽くはない障害を持つ子どもが二人いました。勝利を優先するならば、二人を極力出さないのが賢明でしょう。ところが彼は、他のチームメイトと一切分け隔てすることなく二人に出場機会を与え続けました。対戦相手の監督から「一人多く出しても構わないよ」と提案されても、絶対に聞き入れませんでした。

監督のこの決断が、二人の子どもをどれだけ勇気づけたことか。

この判断についてアンジェロに尋ねたところ、彼はこんなふうに答えました。

「存分にサッカーをしたいという、子どもの気持ちを拒む理由はどこにもありません。私たちのような小さな街クラブがそれを拒んだら、彼らはどこでサッカーをすればいいのでしょう。私は当然のことをしただけです。もちろんチームメイトにとって、彼らとプレーすることは簡単ではありません。でも、だからこそ子どもたちは自分に何ができるかを一生懸命考えてくれました。二人もチームに貢献するために努力を重ねてくれました。私はそんな彼らを後ろから支えたにすぎません」

この言葉を聞き、私は素直に感動しました。このようにイタリアの子どもたちは、サッカーを楽しみながら自然と人生を学んでいくのです。

〝教える〟ではなく一緒に〝遊ぶ〟

アンジェロとは少年サッカーの指導について語り合ったこともありました。

彼の教えは実にシンプルです。

「大切なのはボールを蹴り続けること。無心でボールを追い続ける子どもたちを、私たち指導者が温かく支えていくこと。指導者が心を込めて、最も大切なことを子どもたちに伝えていくことでしょう」

アンジェロが最も大切だと考えることは、それは思い切り〝遊ぶ〟ということです。

彼は週に2度の練習を、練習ではなく遊びだと考えています。

「『グラウンドに来るのが楽しみで仕方ない』『仲間たちとボールを蹴る時間が永遠に終わってほしくない』。子どもたちがそんなふうに思えなければ、その練習は何百時間やっても意味がありません。パイロンをならべてのジグザグドリブル、ゴール前の監督にパスを当て、リターンを受けてフリーで打つシュート……。こういうものを繰り返しても、試合で役に立つ技術を身につけることはできないのです」

では、何をやれば上手くなるのでしょうか。

「ゲームです。ゲームには敵のプレッシャーがつきものです。プレッシャーの中でボールを扱うからこそ、トラップやフェイント、ドリブル、パスの技術を身につけられる。走りの中でスピードに変化をつけることも、ジャンプや方向転換もそうです。ボールタッチだけでなく、身体の使い方も学べます。もちろん、守備に穴を開けないためのポジショニングや点を取るためのポジショニングも。すべてはゲームで身につけられる。ゲームこそが最高の練習なのです」

自動車の普及や都市化の進行によって、かつていたるところで見られたストリートサッカーは、姿を消しつつあります。これはイタリアに限らない世界的な傾向です。イタリアでは近年、たくさんの子どもたちがクラブに通ってサッカーをしています。ストリートで自由に遊べなくなった今、クラブの指導者は子どもたちを遊ばせてあげるという社会的な役割も担っています。

大切なのは、サッカーを〝学ぶ〟ではなく〝遊ぶ〟ということ。大人には、サッカーを〝教える〟ではなく、子どもと一緒に〝遊ぶ〟という意識の変革が求められています。

〝名実況〟で子どもたちをその気にさせる

いつもの練習がワールドカップの決勝戦に

イタリアの指導者は、練習メニューの研究開発に余念がありません。子どもたちがあくびをしたり、だらけたりしていれば、彼らは自分が行っている指導内容に問題があると考えます。間違っても子どもを叱るようなことはしません。このあたり、イタリアの指導者は謙虚です。

練習を盛り上げようと、イタリアの指導者がいつもやっていることがあります。そ

れは実況。シュート練習でもゲーム形式でも、何をやるにしても指導者はうるさいくらい実況します。すべては子どもたちの気分を盛り上げるため。まるでW杯の決勝戦を戦っているかのような雰囲気を作り出します。

息子のチームメイトに、ベンナーティという名前の子どもがいます。ポジションはセンターバック。一生懸命練習をするのですが、なかなかレギュラーの座を勝ち取れず、モチベーションも下がり気味。そんなベンナーティを盛り上げるため、あるときジョバンニ監督が名（迷？）実況を行いました。

ミニゲームでベンナーティがいいパスを通した瞬間、

「すごいパスだ！　いいぞ！　ベンネンバウアー！」

グラウンドに響き渡る大声で叫んだのです。

念のため説明すると、「ベンネンバウアー」とはベンナーティをドイツの往年の名選手、〝皇帝〟ベッケンバウアーになぞらえたもの。その瞬間、私は思わずずっこけましたが、ベンナーティはうれしそうでした。

イタリアの指導者は〝ダメ出しコーチング〟をしない

とにかく子どもたちを盛り上げる。それがイタリアのコーチングです。

日本のグラウンドでしばしば耳にする、「なんで勝負しない!?」とか「今のはパスだろ!?」といった〝ダメ出しコーチング〟は、この国ではほとんど聞かれません。そんなことを言ったところで、イタリアの子どもはまったく気にしないどころか、倍返しで反論してくるでしょう。

うちの息子が所属するフローリアもそうですが、イタリアのグラウンドでは「ベッロ（bello）」という言葉が飛び交っています。意味は「美しい」。子どもがいいパスを出したときも、ただ「いいパスだ」とは言いません。「なんて美しいパスだ！」と、日本人には大げさに聞こえるくらい大絶賛します。

ミスが出ても叱るより、たくさん励ます方がいい。

反対にいいプレーが出たら、ただ褒めるのではなく、たくさん褒める方がいい。

これがイタリア人のコーチングです。

これは職場や学校、家庭に置き換えるとわかりやすいと思います。

例えば職場。怒ってばかり、もしくは愚痴ばかりの上司や同僚がいるオフィスでは社員の士気も上がらないでしょう。ネガティブな空気は周りに伝染し、そのうち重苦しいムードが漂うようになります。こういうところで結果を出すのはとても難しいでしょう。

人間は良くも悪くも場の空気に引っ張られるもの。だからこそ、場の空気を明るく、ポジティブなものにすることを心がけたいものです。

例えば、あなたのチームの子どもがシュートを外したとします。

その瞬間、「それじゃダメだろう！」と言いたくなるかもしれません。しかし、そこでちょっと言葉を変えてみる。

「ナイストライだ！ その調子でどんどん打っていこう！」

これだけでもグラウンドの空気がポジティブになると思いませんか。

イタリアの指導者はプレーで見せる

指導者に必要なのは説得力

イタリアの指導者が行っている練習での工夫について、もう一つお話ししましょう。うちの息子が最初にサッカーを習ったマリオ・ファチェンダというコーチは、フィオレンティーナでバッジョの同僚として活躍した経歴の持ち主です。ナポリとの試合では、あのマラドーナをマークするという重要な役目を担っていました。

引退後、コーチになった彼は積極的にミニゲームの輪に入り、一緒にプレーすることで子どもたちに動き方を伝えていました。それは〝個人戦術〟などという小難しい

ものではありません。マリオが教えていたのは、あくまでもサッカーを楽しむための〝コツ〟です。

例えば敵がボールを奪いに来た瞬間、ポンと裏に出して子どもにゴールを決めさせる。こうやってカウンターの手本を見せるのです。マラドーナからボールを奪い、バッジョにパスを出していた人ですから、一つひとつのプレーが子どもにもわかりやすく、説得力があります。

うちの息子も、1対1の守備での身体の使い方、足の運びを丁寧に教えてもらい、一発で動きが変わりました。

「ああ、自分も少年時代にこういうことを教わりたかったなぁ……」

息子の幸運を心からうれしく思ったものです。

なぜ一緒にプレーするのか

サッカーはとても難しいスポーツで、タイミングや強弱、角度といった微妙な〝ニュアンス〟によって成り立っています。

ニュアンスとは〝感覚〟と言い換えてもいいでしょう。味方と感覚が上手く合えばゴールになり、わずかにずれただけでシュートにもつながらない。プレーの明暗はちょっとしたところで分かれます。

この感覚を言葉で伝えるのは簡単なことではありません。自分では上手く説明しているつもりでも、相手は子ども。きちんと理解できているかはわかりません。そんなときは言葉を尽くして説明するより、一緒にプレーした方が伝わりやすいもの。ですから幼い子どもを教えるコーチは、どんどん子どもの輪の中に入っていきます。タッチラインの外から見ているよりも、一緒に遊んだ方が楽しいですしね。

趣向を凝らした練習メニューで飽きさせない

練習時間は90分

イタリアの練習時間は、一部例外はあるものの90分と相場が決まっています。その流れは、だいたい次のようになっています。

練習時間になると、集まってきた子どもたちがテデスカ（75ページ参照）などで身体をならし、次にパス練習を行います。ただし、パスだけの練習はしません。すべてのメニューがシュートで終わる形になっています。サッカーは点を取るゲームですから、シュートがないと子どもたちが飽きてしまうからです。こうしたパス練習は一つにつき5分、5種類ほど行います。

次はグループ戦術の練習。最終ラインの上げ下げやポジション別での6対4など。もちろん、この間に水飲み休憩が入りますが、子どもたちはのどが渇いたら、勝手に水を飲みに行きます。そして最後はお待ちかねのミニゲームを25分ほど。

つけ加えると、これらの練習はすべて笑い声の中で行われています。モノマネをしたり、余計な足技を交えて失敗したり、監督や仲間をおちょくったり。特にミニゲームは、見ているこちらがうれしくなるくらい弾けちゃっています。

子どもたちが大好きなポゼッション&カウンター練習

せっかくですから、イタリアで行われる練習の一端を紹介しましょう。

例えば子どもたちが14人いればAチーム、Bチームの7人ずつに分け、両チームにそれぞれ異なるテーマを与えます。

Aチーム…パスを連続20本つないで相手陣内にボールを運んだら1点
Bチーム…3分以内に点を取る

このゲームが何を目的にしたものか、もうおわかりですね。Aチームはポゼッション、Bチームはカウンターです。

素早くパスコースを作り、テンポ良くパスを回すAチームに対して、Bチームはプレッシャーをかけ、奪ったら一気にゴールを狙います。Aチームはパスを回しながらも、奪われたらすぐに守らなければなりません。

このゲームの面白いところは、制限時間の設定を変えるだけで動きが大きく変わってくるところです。例えば、制限時間を3分から1分に変えると、Bチームは大急ぎでボールを奪って攻めなければなりません。そのためラインを押し上げて、ハイプレッシャーをかけて奪いに行きます。こうなるとAチームも大変。さらに素早く正確にパスをつながなければなりません。とてもよくできたメニューです。

特にポゼッションに関しては、とりわけポジショナル・プレーに重点が置かれます。

単にパスをつなぐことだけを目的とする従来のメニューではなく、実際の試合で使うフォーメーション（布陣）を再現した形でのトレーニングです。

面白いからグングン伸びる

設定時間を変えながら、AとBを交互に入れ替えると、子どもたちはポゼッションとカウンター、さらに守り方まで身につけることができます。勝ち負けの要素があるため、高いテンションを維持することができます。

こうしたミニゲームで勝った負けたと大騒ぎする子どもたちの姿を見ていると、「練習メニューは面白くなければならない」という言葉の意味がよくわかります。

子どもたちは純粋なので、練習が面白ければ自然と集中力が研ぎ澄まされ、グングン上手くなっていきます。たくさん遊んで、気がついたら練習が終わっている。

「あーあ、もっと遊びたかったなあ……」

帰り道で、子どもたちがこんな言葉を口にしたら、それはいい練習ができた証です。

育成の名門エンポリのトレーニング改善術

格差は指導力で埋められる

これまでは街クラブの練習を見てきましたが、最後にプロクラブ、エンポリFCの育成現場をのぞいてみましょう。

前述したようにエンポリは小さなクラブで、予算も実績も近隣のライバル、フィオレンティーナとは比較になりません。

フィオレンティーナのスカウト網は全国規模、加えてアフリカや南米、東ヨーロッパからも有望株を集めています。一方、エンポリの下部組織に所属するのは、ほとんどが地元の子どもたちです。ところが育成年代で両チームが対戦するとほぼ互角、エンポリが勝つことも少なくありません。その強さの源は、何と言っても指導力。エンポリの指導者はとても優秀で、予算規模やタレントの差を、その指導力によって埋めているのです。

貪欲に情報を収集して実情に合わせてアレンジする

エンポリの育成部門には20代後半から30代前半の若い指導者が多く、好奇心旺盛な彼らはフットワークも軽く国内外を飛びまわっています。

プロのコーチライセンスを持つ彼らは行く先々のクラブで練習を見学することができ、そこで得たものをファイリングしています。それは膨大な数になります。

私が感心するのはその情報収集力だけではありません。「マッチアナリスト」のライセンスをあわせ持つ彼らは集めた情報を分析し、使えるものと使えないものに分類します。そして使えるものについては、改良を試みます。そのときも安易な〝コピ

研究熱心で親切心にあふれるエンポリU-17の指導スタッフ。彼らの指導を受ける選手たちもまた、とても素直で明るい子どもたちだった。

ペ〟はせず、イタリア人の気質やエンポリの事情に合った形にアレンジします。このたゆまぬ努力が、限られた素材を大きく伸ばす成果につながっているわけです。

エンポリの練習は、見学するたびに新たな発見があります。1カ月も目を離せば、練習メニューに細かな改良が加えられているからです[22]。

常に満足せず、もっといいものがあるはずだと考えるエンポリの精神には、プロアマを問わず、大いに学ぶところがあります。

22) プロクラブの育成組織とはいえ、彼ら指導者たちの契約期間は1年。結果を出せなければ"次"はない。そのため彼らは努力と創意工夫を重ねていく。

Calcio!
見聞録

幻の横断幕
――フィレンツェはいつも熊本とともに

イタリアには「ウルトラ（Ultrà）」と総称される、悪名高いサポーター集団がいます。スタジアム周辺で年がら年中、敵のウルトラや警官隊と衝突する彼らは、街の鼻つまみ者と言っても過言ではありません。しかし、人は見かけによらぬもの。実際に会ってみると義理人情に厚く、男が惚《ほ》れる男ばかりです。

忘れもしない2016年4月14日、私の故郷、熊本が大地震に見舞われました。それからというもの、私は遠く離れたイタリアで何もできない自分の無力さに打ちひしがれていました。

まだ余震が続いていた5月上旬、私の携帯に見知らぬ番号から電話がかかってきました。電話の主は単刀直入に「フィオレンティーナのウルトラのティノだ」と名乗り、こう言いました。

「実は、昨日の試合でゴール裏にデカい横断幕を掲げようとしたんだ……」

何のことか、さっぱりわからないまま聞いている私に、ティノはこう続けました。

「俺のダチが、故郷が地震に見舞われて悲しんでいる日本人がいると教えてくれたんだ。そのことを仲間たちに話したら、応援のメッセージを送ろうということになった。俺たちにはそれくらいのことしかできないが、心を寄せていることだけは伝えたい。熊本には美しい城があって、甚大な被害を受けたそうだな。その話を聞きながら思ったよ。フィレンツェの大聖堂が傷ついたら、俺たちはどれだけ深い悲しみに暮れるだろうと。そう思ったら涙が止まらなくなってしまったんだ」[23]

ティノの言葉を聞きながら、私も涙が止まらなくなりました。

「フィレンツェはいつも熊本とともに」

こう書かれた横断幕がゴール裏に掲げられることは、残念ながらありませんでした。警官隊に持ち込みを阻止されてしまったからです。しかしティノとその仲間たちが故郷、熊本と心をともにしてくれただけで、私は胸がいっぱいになりました。

23）　ティノの言う「ダチ」とは、筆者の息子のチームメイトであるダビデの父親ロレンツォ〔153ページ参照〕のこと。ロレンツォとティノが職場の同僚だった。横断幕は後日、ティノと仲間たちが筆者に手渡してくれたという。

エンポリのトップチームが使用している、ただ一面の練習場。寂れたホームスタジアム、スタディオ・カルロ・カステッラーニの脇にある。施設は質素だが、行われているトレーニングの質は高い。この日はフィリッポ・インザーギが視察に訪れていた。

第6章

フィオレンティーナから
オファーが来た！

プロの〝勧誘〟を断るイタリアの父親たち

運命の電話

イタリアでは、少年サッカーの現場にプロクラブのスカウトがやって来ることは珍しくありません。それはトップレベルではないフィレンツェ県リーグに所属する小さな街クラブ、フローリア2003の試合も例外ではありません。取材でフィオレンティーナやエンポリといった近隣のプロクラブに出入りしている私には、何人か顔見知りのスカウトがいて、週末のリーグ戦の会場で彼らを見かけることがあるのです。

そしてあるとき、誰かの家に〝運命の電話〟がかかってきます。

「私はフィオレンティーナのスカウトです。あなたの息子さんは将来有望なので、ぜひとも練習に参加していただきたい。学校は〝フィオレンティーナ・スクール〟に通っていただきます。学費はすべて免除になり……」

このあたりで「いえ、ウチは結構です」と、まるで勧誘やセールスを断るように電話を切ってしまう親は少なくないといいます。

なぜチャレンジさせないのか？

実は、息子のチームメイトの家にも昨年、電話がかかってきました。しかし、その父親は詳しい条件を聞く前に断ってしまったそうです。フィオレンティーナのスカウトから電話がかかってきたことを、彼は自分の息子に伝えていません。伝えれば「やりたい」と言い出すだろうと判断したためです。

「プロになるつもりはない」と心に決めたクリスティアン〔53ページ参照〕のような子も確かにいます。それでもやはりフィレンツェに生まれた子どものほとんどは、フィオレンティーナの紫のユニフォームを着ることを夢見ています。

みなさんの中にはきっと、こんなふうに思う方がいるでしょう。

「せっかく目の前にチャンスがあるのだから、チャレンジさせてあげるべきでは？親に子どもの夢や可能性の芽を摘《つ》んでしまう権利などないはずだ」

もっともな意見です。実際、イタリアにも夢に向かって突き進む親子はいます。その一方で「絶対にチャレンジさせない」と考える親もまた、この国には驚くほど多いのです。

例えば州リーグで際立ったプレーをする子でも、その上のプロクラブではベンチ入りすらできないというケースがよく見られます。自らも幼いころから長くサッカーをプレーしてきた親たちは、子どもの実力を客観的に測る目を備えていて、中にはスカウト顔負けの〝目利き〟も少なくありません。イタリアの親の多くは、カテゴリーとカテゴリーを隔てる〝壁〟の高さと厚さを心得ているのです。

もし、わが家に運命の電話がかかってきたら？

私もすぐに断るでしょうね。その理由は、この先を読んでいただければわかってもらえると思います。

やめたマッテオと続けるエリア

〝非情の通知〟が物語るプロの現実

第2章で紹介したように、私の息子がプレーする街クラブ、フローリア2003には、二人のエースがいます。中盤の天才肌クリスティアンと我が道を往く点取り屋マッテオ。幼なじみの名コンビです。

クリスティアンは、フィオレンティーナの同い年の中でも「十分にやれるのでは？」と思わせるほど技術が高く、たくましい精神力も備えています。しかし母子家

庭に育った彼は、プロへの興味を持っていません。すでに書いたように、この若さで〝家族にパンを持ち帰る人生〟[24]を歩もうと決意しているからです。

一方のマッテオは、9歳から13歳までフィオレンティーナの下部組織でプレーし、そこから街クラブのフローリア2003に移ってきました。これは言うなれば、トスカーナ州の頂点から裾野へ降りてきたようなものです。

フィオレンティーナでは、次のカテゴリーに進めないと判断された子どもには、家に一枚の通知が送られます。そこには次のように書かれています。

「今までありがとう。君の今後の幸運を祈る」

ほとんどの子どもが、この文面を見て泣き崩れるといいます。この対応は「あまりにも冷たい」とメディアに批判されたので、今では変わっているようです。

マッテオは、この通知を受けたわけではありません。次のカテゴリーに昇格できるというのに、自分の判断で退団を決めました。

その理由は、「フィオレンティーナでは楽しくサッカーができない。また親友のクリスティアンとボールを蹴りたい」という、いたってシンプルなものでした。

24) 「家族を養う」の意。イタリア人が好んで使う表現。

フィオレンティーナは
蹴球6日

そんなマッテオの親友に、エリアという少年がいます。小柄でテクニックがあって機転が利いてドリブルが滅法上手《めっぽう》い。スタミナもあって度胸も十分。ナポリのインシーニェを思わせる、典型的なサッカー小僧です。

彼はマッテオのフィオレンティーナ時代のチームメイトであり、マッテオが退団した今もチームに残って激しい競争の中で揉まれています。そんなエリアの日常を見れば、「楽しくサッカーができない」というマッテオの言葉の意味が少なからず伝わるでしょう。

エリアは幼いころ、うちの息子とも一緒にサッカーをしていました。そのため私は彼の父マルコのこともよく知っています。私はあらためてマルコに、エリアが所属するフィオレンティーナの下部組織の実情を尋ねてみました。すると驚くことがいくつもありました。

まず、フィオレンティーナの14歳チームでは週に5日も練習があるそうです。これはかなり多い。イタリアでは週2日の練習が基本で、3日もやるクラブは少数派。近隣の強豪エンポリでも、14歳は週3日です。にもかかわらずフィオレンティーナでは週5日。週末には試合があるため、休日は週1日しかありません〔197ページ参照〕。

当然、子どもたちの毎日は忙しくなります。

エリアの自宅はフィレンツェ郊外にあり、彼は毎朝7時に起き、クラブの送迎バスで1時間近くかけて学校に向かいます。授業が終わるのは14時。うちの息子がそうであるように、イタリアの子どもたちは自宅でランチを食べますが、エリアは学内の食堂で食事をとり、16時から始まる練習に臨みます。

ちなみにフィオレンティーナの子どもたちはクラブと提携する私立校フィオレンティーナ・スクールに通います。エリアもそこに通っていますが、一般の学校と比べると、この学校はあまり勉強に力を入れていないようです。とにかくサッカーが最優先。そのためエリアのようなプロ予備軍の子どもたちは、一般の子どもに学力面で差をつけられていくことになります。

日本には「文武両道」という言葉があります。しかし、イタリアでプロ予備軍になると、それを実現することは至難の業です。週末のリーグ戦はもちろん、日々の練習のプレッシャーがあまりにも厳しく、サッカーだけで精も根も尽き果ててしまうからです。

つまり、本格的にプロを目指すと決めた時点で、勉強はほぼあきらめざるをえません。日本では大学卒業後にJリーガーになる選手が多くいますが、イタリアではそうした選手は皆無です。あのバッジョは大学どころか高校も出ていません。

バッジョのように大成功すれば何も言うことはありませんが、プロ予備軍の大多数はいずれ挫折を余儀なくされます。そうなると、出遅れたところから勉強をやり直さなければなりません。プロを目指すというチャレンジには、それだけのリスクがあるのです。

フィオレンティーナ〝プロ予備軍〟の生存競争

一つのミスでポジションを失う

練習日がきわめて多いフィオレンティーナの育成部門は、練習時間が長いことでも知られています。

イタリアではサッカーの練習は90分と決まっていますが、ここでは毎回2時間半、つまり150分も練習します。練習は18時半にようやく終わり、仲間と談笑しながらシャワーを浴びて、送迎バスで帰宅するのは21時過ぎ。エリアも家にたどり着くころにはくたびれ果てているそうです。

ちなみにエリアの週間スケジュールは次のような流れです。

フィオレンティーナU-14所属選手の週間スケジュール

	午前	午後
月曜日	学校で授業	休養日
火曜日	学校で授業	トレーニング
水曜日	学校で授業	トレーニング
木曜日	学校で授業	トレーニング
金曜日	学校で授業	トレーニング
土曜日	学校で授業	トレーニング（軽め）
日曜日	移動	リーグ戦

火曜から金曜まで4日連続で練習があります。試合前日の土曜も軽めとはいえ練習をします。そして日曜がリーグ戦。休みは月曜しかありません。

もちろんリーグ戦はユベントスやインテル、ミランといったセリエAのクラブとの対戦です。アウェイになると、遠方のトリノやミラノへの移動もあります。バスで移動するため時間がかかり、肉体的にもかなり消耗します。

プロクラブの下部組織でサッカーをするには、精神的なプレッシャーにも耐えなければなりません。

プロクラブでの競争は、14歳になると一気に激しさを増します。というのも、この年齢から〝越境〟が認められるため、鼻っ柱の強い南部の子どもたちが北部のビッグクラブで一旗揚げようと乗り込んで来るからです。

プロビンチャ（田舎町）のエンポリは、地元の子どもたちを中心にチームが編成されているため、まだ牧歌的なところがあります[25]。しかしフィオレンティーナにはイタリア全土はもちろん、アフリカやヨーロッパ各国からも猛者たちが集まって来るため、生き馬の目を抜くような厳しい競争が繰り広げられます。

試合には、たった一つのミスでポジションを失ってしまうような、張り詰めた緊張感が漂います。そこは笑いに包まれたフローリアのグラウンドやダゼーリオ広場とは別世界です。

25）現ナポリの右SB エルセイド・ヒサイ（アルバニア代表）など、外国人の子どもがエンポリの下部組織で育ち、プロになった例もある。

チャレンジか、ギャンブルか

フィオレンティーナでは、練習場を含めた施設への「部外者」の立ち入りが禁止されています。その目的は青田買いの阻止。国内の強豪クラブはもちろん、イングランドなど他国のスカウトも、逸材がいれば接触しようと目を光らせているからです。

ちなみにこの「部外者」には、子どもたちの家族も含まれます。血のつながった親でも、サッカーに打ち込むわが子の姿を見守ることが許されていません。

エリアは昨季中盤戦で不調に苦しみ、放出の危機に直面しました。しかし、終盤戦の4試合で3ゴールを叩き出し、放出の危機をまぬがれました。

夢に向かって、フィオレンティーナの下部組織で戦う。それは楽しいはずのサッカーが、苦しみに変わることを意味するようです。またそれは言うまでもなく、子どもの人生を賭けた大きな博打《ばくち》でもあります。かけがえのない少年時代を犠牲にしてまで、夢に賭ける価値があるのかどうか、正直なところ私にはわかりません。

ひと通り話を終えたあと、エリアの父マルコが私に尋ねました。

「ところでマッテオは元気にしてるかい?」

一度は息子とともに夢を追った、息子の親友が気になるようです。

「元気も元気。うちの息子たちと大騒ぎしながらボールを蹴ってるよ」

「それはいいなあ……。うちのエリアも、ここまで来られただけで立派だ。よくがんばっているよ、あいつは……」

そうつぶやいたマルコの声が、今も耳に残っています。

名将サッリが認めた〝天才〟エマヌエーレの苦悩

13歳で代理人とスポンサーがつく

イタリアでプロサッカー選手として成功する。その想像を絶する厳しさを思うとき、私の脳裏には、ある一人の少年の姿が浮かんできます。

あれは11年前のこと。エンポリの下部組織のゲームを見に行った私は、一人の子どものプレーに度肝を抜かれ、思わず「これは化け物だ」とつぶやいていました。その少年の名はエマヌエーレ・ロビーニ、当時12歳でした。

〝エマ〟のイメージは、いわば〝左利きのバッジョ〟。ファンタジスタの系譜を受け

2012年2月に行われた年代別イタリア代表合宿で、憧れのバッジョ（中央）と記念撮影するエマヌエーレ・ロビーニ（右）。写真はエマの父提供。

継ぎ、絶妙なパスでゴールを演出したかと思えば、自ら単独で敵陣を切り崩してゴールも決める。ゲーム全体を動かすこともできて、フリーキックも絶品。チームメイトとは異次元でプレーするエマは、13歳で代理人がつき、世界的スポーツブランドからスポンサードを受けていました。

育成に定評があるエンポリで、エマは順調に成長していきました。U－16イタリア代表で10番をつけ、当時、イタリアサッカー協会の技術委員長を務めていたバッジョともツーショットを撮られていました。その写真は「新旧ファンタジスタ」「ロビーとその後継者」といった見出しで、華々しく新聞の紙面を飾りました。

エンポリ下部組織のゲームをよく取材していた私は、エマの恐るべき才能を幾度となく目の当たりにしました。フィオレンティーナとのトスカーナダービーで、ハットトリックを達成したこともあります。そのときエマはメインスタンドに向かって走って行くと、人差し指を口に当てました。視線の先には、かつて自分を門前払いにしたフィオレンティーナのスカウトがいました。気の強さもプロ向きです。

サッリの予言は外れたのか？

2015年夏、20歳になったエマは、セリエAを戦うエンポリのトップチームでベンチ入りするところまで来ていました。当時の監督は、2017-2018シーズンまでナポリを率いた名将サッリ。エンポリでの最後の練習を行うサッリを取材するため練習場を訪れた私は、彼がエマを呼び、真剣に語りかける場面を目にしました。

「お前は必ずセリエAで活躍できる。行けなかったら、それは俺がサッカーをまったくわかっていないという証だ。いいか、俺を信じるんだ」

あれから3年、しかしエマはプロの分厚い壁に行く手を阻まれていました。エンポリからウディネーゼに移籍したものの、セリエCへレンタルに出され、23歳になってようやくセリエBまで這《は》い上がってきました。ただ、今はまだ、そこで芳《かんば》しい活躍を見せているわけではありません。

実際のところ、セリエBでプレーするだけでも大したものです。しかし初めてエマを見たとき、私はそう遠くはない将来、大舞台で華々しく活躍して、やがてはイタリア代表の10番をつけるエマの姿を思い描きました。しかし、エマは苦闘を続けています。プリマベーラ時代に負った腓骨《ひこつ》骨折によって、かつてのしなやかでダイナミックなプレーが失われてしまったのかもしれません。

今、私の手元には2010年5月8日に観戦した、U－15のエンポリ対インテルのメンバー表があります。そこにはエマの名前もあります。私はきっとノートを片手に、「上手いなあ」とため息をつきながら観戦していたのでしょう。しかし8年後の現在、セリエAでプレーしている選手は一人もいません。「天才」と持て囃《はや》された少年たちが、一人、また一人と消えていく。これがプロの世界の厳しさです。エマもまた、その一つの例にすぎないのかもしれません。

2011年の“アッリエービ”フィオレンティーナ戦、ペナルティーエリア内で4人のディフェンダーを抜き去り、ゴールを決めたエマヌエーレ・ロビーニ（当時16歳）。

競争の先にある頂点の高さについて

イタリアでは、サッカーは日本とは比較にならないほど大きな地位を占めています。そして百年以上にわたって、このスポーツにのめり込んできたイタリアの人々は、それゆえに頂点の果てしない高さを知っています。

街クラブに行けば、セリエAでのプレー経験を持つ指導者がいる一方で、信じられないほど上手いのにセリエCにも行けなかったという指導者もたくさんいます。

イタリアの街クラブで少年時代を謳歌《おうか》する子どもたちは、そのような環境の中で現実との折り合いをつけていくのです。

頂点の果てしない高さを知るイタリアの大人たちは、自分の子どもがプロを目指す

ことにとても慎重です。なぜならプロになって成功を収めるには、圧倒的な才能と運が欠かせないからです。しかしこれらは、高い志を持ち、血のにじむような努力を重ねたところで、どうにかなる類のものではありません。

そしてまた、イタリアの人々はもっと大事なことを知っています。それはプロになって成功を収めることが、人生のすべてではないということ。

第1章にも書いたように、イタリア人は「サッカーボールは最高のおもちゃ」だと信じています。そんな彼らにしてみれば、プロになれるかどうかなんて二の次。かけがえのない少年時代に、気の置けない仲間たちとサッカーに夢中になれるだけで心が満たされるのです。

サッカー場は愛するわが子が一番輝く場所だと語る父親たちは、試合へ向かう息子に「がんばれ」とは決して言いません。彼らが言うのはいつだってこの一言です。

「思いっきり楽しんでこい」

子どもが元気にグラウンドを走りまわり、サッカーを存分に楽しんでいる。そんな光景さえあれば、ほかには何もいらないのです。

Calcio!見聞録

さよならアストーリ「おれたちのキャプテン」

2017-2018シーズン、フィレンツェは二度涙を流しました。

イタリア代表のW杯予選敗退とフィオレンティーナのキャプテン、ダビデ・アストーリの心臓発作による急死です。

2018年3月4日、日曜日の朝、いつものように試合に興じていた子どもたちは試合後、いつもとは違う父親や祖父の表情に驚き、キャプテンの死を知らされました。子どもたちは泣き崩れ、彼らを抱きかかえる父親たちもまた泣いていました。

一人でいることがつらかったのでしょう。試合後、子どもたちはいつもの公園へ行き、仲間と無言でボールを蹴っていました。そして仲間たちが増えると誰かが歌い出し、その歌声は次第に大きくなっていきました。

「オレたちのキャプテン、そのキャプテンは唯一無二」

それはアストーリが、この街から本物のキャプテンであると認められていた証です。

フィレンツェにアストーリが加わったのは2015年夏、主将になって1年目の悲劇でした。3年足らずの間にこれほどフィレンツェの人々に愛されたのは、フェアなプレーと際立った人間性ゆえ。子どもたちに優しい、清らかな心根の持ち主でした。

月曜日の学校は静まり返っていました。小学3年生になる私の娘の担任の女性教師は、泣いてばかりで授業にならなかったそうです。

1週間が過ぎ、また日曜日がやってくると、街の悲しみはさらに深くなっていました。子どもたちの試合でもすべてのグラウンドで開始前に黙祷《もくとう》が捧げられ、キャプテンの背番号と同じ13分に試合を止めて、もう一度黙祷が行われました。

セリエB降格も危ぶまれていたフィオレンティーナは、アストーリの死から5連勝を飾り、危機は去っていきました。キャプテン[26]が天国から見守ってくれていたのでしょう。

アストーリの死去翌日のスタジアム前(2018年3月5日撮影)。

26) イタリア語でキャプテンは「カピターノ」。通常はcapitanoと書くが、偉大なキャプテンに対しては頭文字のCを大文字に代え、Capitanoとして敬意を表す。アストーリは唯一無二のキャプテン、違うことなきカピターノだった。

第7章

賢く休めば日本はもっと強くなる

たくさんの人材を無駄にする日本サッカー

イタリア人はサッカーを遊び、日本人はサッカーを猛練習する——。

日本に帰国するたびに、私は二つの国の隔たりの大きさを痛感します。

日本人がサッカーを猛練習するのは、実直で規律を重んじる国民性ゆえでしょう。スポーツは今なお自己鍛錬の一環という認識が根強く、「苦難の先に栄光が待っている」という意識が、その土壌になっているのかもしれません。

私たち日本の大人の多くは「努力しろ」と教えられて育ってきました。しかし、せっかくの努力も正しい方法で行わなければ、なかなか効果は上がりません。

サッカーは〝遊び〟であり、サッカーをとことん楽しむ中で子どもたちはグングン上達します。反対に、苦痛をともなう練習ほど効率の悪いものはありません。加えて猛練習は、成長期の子どもにとってケガのリスクが高すぎます。休みなく練習し続けることで故障の悪循環にはまり、やがてはプレーできなくなってしまうケースさえ出てきます。

日本には大ケガや慢性的な故障を抱える若者がたくさんいます。Ｊクラブのトップチームに昇格したばかりの若い選手が、たび重なるケガのため引退を余儀なくされたという記事もしばしば目にします。人知れずサッカーをあきらめた選手も数えきれないほどいることでしょう。そのことを思うと私は胸が痛みます。

これに加えて、日本の育成は多くの控え選手を生んでしまうという構造的な問題も抱えています。高校サッカーの強豪校ともなれば、１００人を超える部員を抱えるチームも少なくありません。そうした環境は、試合経験を積めないために成長できない控え選手を数多く生み出しています。

このように、日本サッカー界はたくさんの貴重な人材を無駄にしています。この壮大な非効率について、私たちは真剣に考えなければいけません。

「世界の壁」は本当に存在するのか？

経済力・人口のアドバンテージを生かせない日本

本稿を書いているのは6月上旬、ロシアW杯の結果はまだわかりません。しかし過去5大会、日本代表はベスト16の壁を破ることができていません。その大きな原因は、人材を浪費する日本の悪しき伝統にあると私は考えています。

世界3位の経済大国である日本は、経済規模ではロシアW杯出場国の中で断トツの1位。人口でも5位に入っています（214、215ページ参照）。少子化が叫ばれてはいるものの、サッカーをプレーする子どもの数は世界的にも多い部類に入ります。

とはいえ、サッカーの強さは経済力と人口だけで決まるわけではありません。しかし、それらが無視できない要素であることは確かです。

世界最多5度のW杯優勝を誇るブラジルは、先進国と比べて決して裕福ではないものの人口は世界5位。たくさんの人々が、どの国よりもサッカーで遊び尽くしています。

2014年ブラジルW杯で4度目の優勝を果たしたドイツは、ヨーロッパ屈指の経済大国であり、人口もヨーロッパ2位です。

さて、日本はどうでしょうか。

アジアのサッカーを牽引《けんいん》する立場にあるとはいえ、世界的に見れば今はまだ強豪国とは言えません。代表選手の多くがドイツを中心とするヨーロッパでプレーしていますが、主要国の強豪クラブでレギュラーとして活躍している選手はほとんどいません。

そして日本サッカーはこれまで、絶えず「世界」を恐れ、コンプレックスを抱き続

2018年ロシアワールドカップ出場国とイタリアのGDP（2016年）

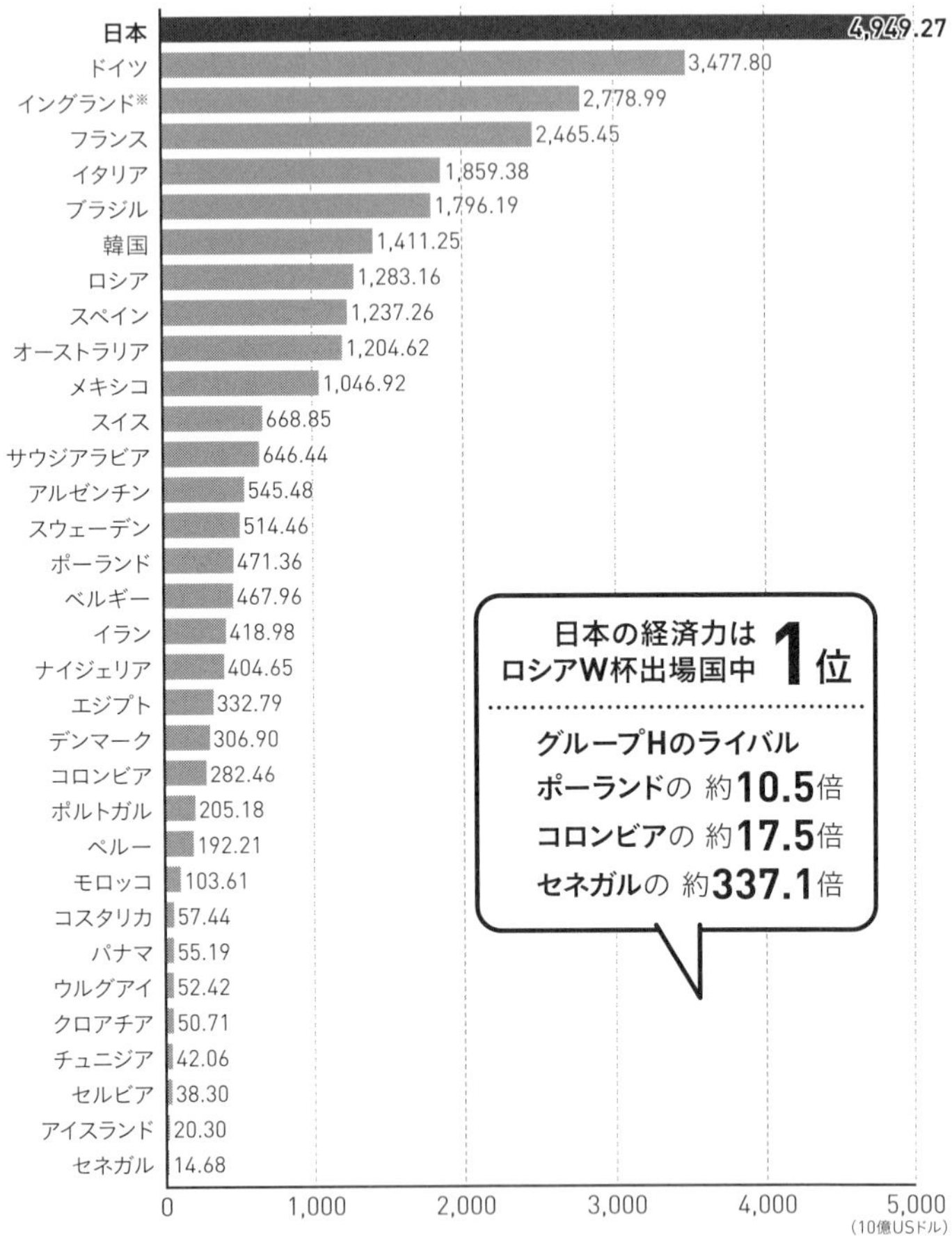

※イングランドは2015年のイギリス全体のGDPから、ウェールズ、スコットランド、北アイルランド、その他地域のGDPを差し引いた値

出所）世界銀行、Eurostat

2018ロシアワールドカップ出場国とイタリアの人口（2017年）

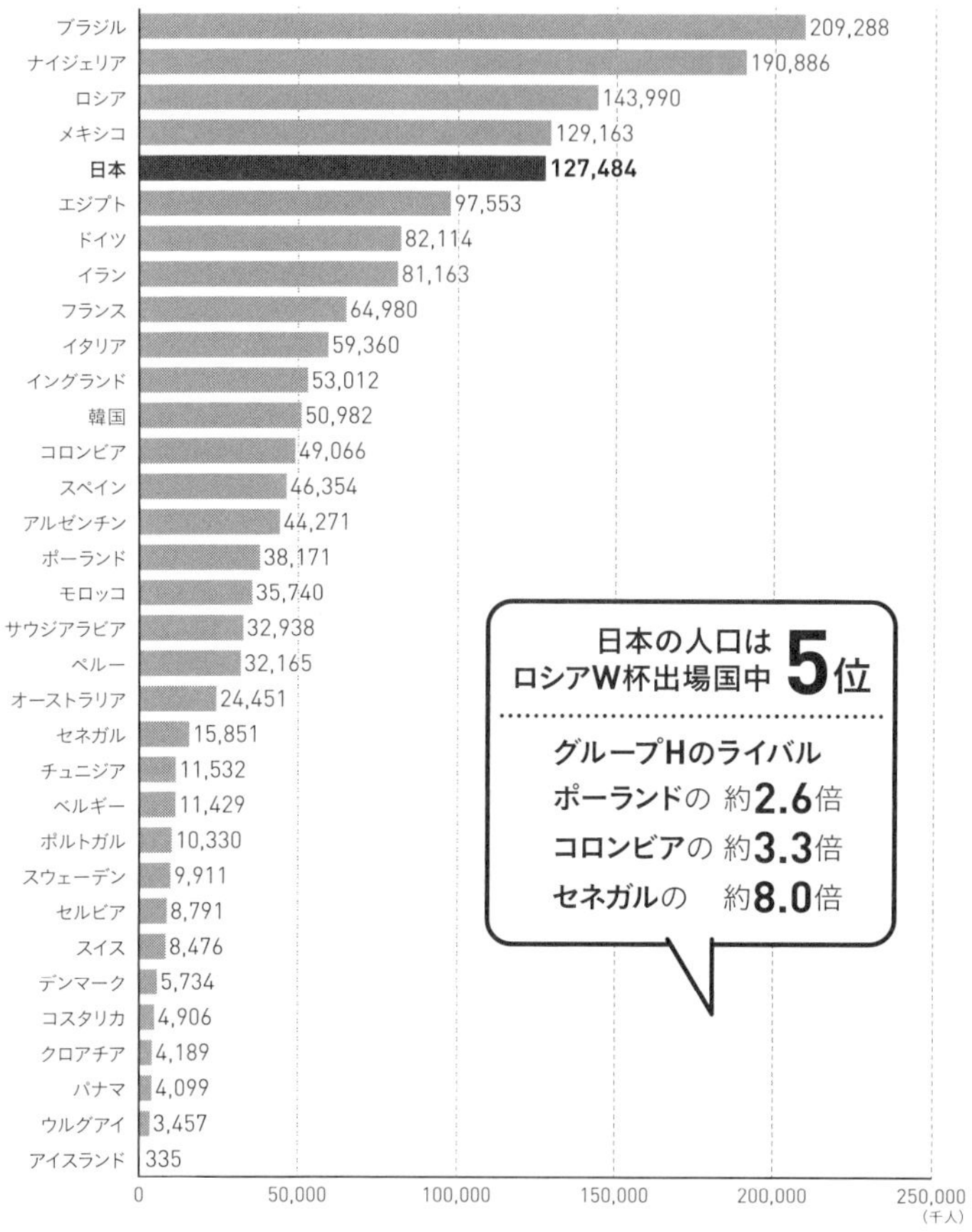

※イングランドは2011年の推計
出所）国連「World Population Prospects
The 2017 Revision」、Office for National Statistics「2011 Census: Population Estimates for the United Kingdom, 27 March 2011」

けてきました。それはいったいなぜでしょうか？

ある人は言います。「日本のサッカーは歴史が浅いから、世界に追いつけないのだ」と。しかし、Jリーグの礎となる日本サッカーリーグは、1965年に創設されました。実に半世紀以上にわたってボールを蹴り続けてきた日本サッカーの歴史は、本当に浅いのでしょうか？　私は決してそうは思いません。

先ほど紹介した二つのグラフの数字が示す通り、日本は経済の面でも、人口の面でも、紛れもなく世界の大国です。そして、世界の国々がうらやむほど充実した社会インフラを備えています。さらには、勤勉で規律正しく、逆境に強いメンタリティをも持ち合わせています。

この恵まれた国力を正しく生かす術《すべ》さえ身につければ、日本は必ず世界の強豪国と渡り合えるようになる――。

日本と世界を隔てる「壁」など、どこにもない――。

〝怠け者〟で、決して裕福ではなく、〝サッカーを食べて〟生き、W杯を4度制したイタリアで20年暮らした私は、世界を制すために彼らがやってきたことをこの目で見ているからこそ、それを確信しています。

それでは、正しく生かす術とはどういうことでしょうか？

そう、よく〝遊び〟、よく〝休む〟。

これまで何度も書いてきたように、日本はサッカーを遊ばず、猛練習します。しかし、猛練習はたくさんのケガ人を生みます。日本の育成年代では長く〝疲労骨折〟が問題になっています。もちろんイタリアでも試合や練習で骨折する子はいますが、疲労骨折する子は皆無です。

疲労骨折は、猛練習による弊害以外の何ものでもありません。猛練習はたくさんの人材を無駄にするだけでなく、可能性を秘めた無数の才能の芽を摘《つ》み、サッカーに欠かせない自由な発想を枯らしてしまいます。日本サッカーの頂点が伸び悩むのは必然なのです。それでもなお、今後もサッカー部の監督は子どもたちに〝罰走〟を強いるのでしょうか。

人口わずか350万の"サッカー大国"ウルグアイ

人材を生かし切れずに伸び悩んできた日本と違い、人材は少なくとも強豪であり続ける国があります。人口350万足らずのウルグアイです。ロシアW杯に出場する32カ国中、下から数えて2番目、静岡県と同じくらいの人口[27]の小さな国ですが、この国からはスキアッフィーノ、フランチェスコリ、カバーニ、スアレスなど、ワールドクラスのタレントが次から次へと出現します。

彼らの強さの秘密は、いったいどこにあるのでしょうか。

2017－2018シーズンのセリエAで、サンプドリアに所属するルーカス・トレイラという小柄なウルグアイ人選手が脚光を浴びました。ボールの行き先をあらかじめ知っているかのように次々とボールを刈り取り、ポンポンと攻撃につなげていく。まだ22歳ながら駆け引きが滅法上手く、身体を寄せた直後、ほとんどのボールは彼のものになっています。

27) 静岡県の人口は約367万人（2017年推計）。

この素晴らしいウルグアイの若者を目の当たりにして、記者や指導者たちはこんなふうにため息をつきます。

「こいつはきっと、幼いころから散々サッカーで遊んできたんだろうな……」

ちょっと想像してみてください。もしもウルグアイが、「ブラジルやアルゼンチンに負けるな！」と叫び、血道を上げて猛練習に励んでいたら、果たしてこんな逸材は生まれてきたでしょうか。

猛練習をベースとした〝走り勝つサッカー〟の限界

日本の猛練習の定番メニューとして知られるのが、走り込みです。その弊害についてはすでに書きましたが、育成の現場には、この悪しき習慣が根強く残っているようです。

日本サッカーの根底には、「体格で他国に劣る自分たちは、相手より多く走らなければ勝てない」という考えが染みついているのかもしれません。

かつてイタリアは、日本に敗戦の瀬戸際まで追い込まれたことがあります。

2013年、ブラジルで行われたコンフェデレーションズカップ、グループリーグ第2戦で両国は対戦し、壮絶な撃ち合いを演じました。結果は4－3でイタリアが勝利したものの、自陣ゴール前に次々と選手が湧き出てくるような日本の攻めにイタリアは手を焼き、ブッフォンは試合後、当時日本代表を率いていたザッケローニ監督に、こんなふうに尋ねたそうです。

「監督、何を食べたら、あんなに走れるようになるんですか？　やっぱり〝神戸牛〟ですか!?」

世界ナンバー1キーパーのブッフォンだけではありません。同じくW杯制覇の経験を持つデ・ロッシも、日本の〝走るサッカー〟に心の底から驚いていました。

日本代表がよく走るチームだということは、世界で広く知られています。

しかし、猛練習をベースにした走力で勝とうとするサッカーには、おのずと限界があります。

日本サッカー協会は「JFA2005年宣言」の中で、次のような目標を掲げています。

「2050年までにW杯を日本で開催し、日本代表チームはその大会で優勝チームとなる」

W杯で優勝するためには、7試合を戦い抜かなければなりません。本気で世界一を目指すのなら、走り勝とうとするサッカーから卒業しなければならないでしょう。

今こそ「楽して勝とうぜ！」の精神を持とう

「体力を出し尽くすこと」が目的ではない

では、走り勝つサッカーを卒業した私たちは、どこに向かえばいいのでしょう。私は、その有効な道しるべとなるであろう国を知っています。そう、イタリアです。

第1章でも述べたように、イタリア人は強大で賢いドイツに負けないことを最大の目標として、サッカーをやってきました。

経済力、人口、フィジカル、テクニック、そして勤勉さ……。すべてにおいて勝てないイタリア人が、光明を見出したのが〝ポジショニング〟です。

「俺ら、下手くそだからパスなんて回せないよなあ。走るのもしんどいし。じゃあ、どうやって勝てばいいいんだ？」

私たち日本人の感覚からすればお世辞にもまじめとは言えない発想によって、イタリアは独自のスタイルを培っていきました。

そんなイタリアとの対戦を前に、ドイツだけでなくブラジルでさえこう言います。

「イタリアは強くない。だがイタリアに勝つのは難しい」

走りたくない彼らは、ボールを後ろから追いかけるような愚を犯しません。ボールは一つ、ゴールは二つ。頭を使えば、ボールがどんな道筋をたどるか予測できます。そして、ここぞという場所に網を仕掛けておけば、黙っていても敵が絡まってくる。追いかける労力を最小限に抑えれば、溜めた力を攻撃に割くことができます。イタリアは現に、そのような効率のいい試合運びでW杯を制してきました。

試合の目的は勝つことであり、体力を出し尽くすことではありません。楽して勝てるなら、それに越したことはないのです。「がんばって勝とうぜ！」から「楽して勝とうぜ！」へ、大胆な発想の転換が求められています。つまりはイタリア的発想です。

この国の子どもたちが年中やっているスカルティーノ〔78ページ参照〕やモンディアリート〔81ページ参照〕も、つまるところ、楽して得する一石二鳥のポジショニングを覚えるための遊びです。遊んでいるだけで、「いつどこにいればボールが転がってくるのか」をあらかじめ察知する感覚が研ぎ澄まされます。こうした中から、リフティングはド下手なのに点だけは取るインザーギ、そこに立っているだけで敵の勢いを食い止めるマルキージオのようなイタリアらしい名手が生まれました。

サッカーはポジショニングが命

ポジショニングにこだわるイタリア人は、いるべき場所にいるべき選手がいるかを重視します。失点につながる致命的な〝穴〟を開けてしまった選手は、メディアの厳しい批判にさらされ、〝珍プレー〟としてネタにもされ、監督の信頼を失います。

イタリアの実況中継には、一つの型があります。ゴールが決まると、アナウンサーが絶叫し、得点者を大げさなくらい称賛します。しかし直後、解説者が「ちょっと待ってくださいよ」と口をはさみ、失点につながった守備のミスを指摘するのです。それがまた非常に細かい。

「ミスがなければ、ゴールは生まれない」

こう考えるイタリア人はゴールが決まったことに騒ぎながらも、同時に細かなミスを分析し、必要とあらば断罪します。プレーする側もプロなら、解説する側もプロ。これは至極当然のことです。

日本には、このような文化はありません。ゴールが決まると、たいていは得点者を褒めて終わります。なぜ失点したのか、という視点はほとんどない。イタリアと日本、どちらの守りが鍛えられるかは言うまでもありません。

Jリーグで活躍した日本人アタッカーが、イタリアを含めて主要なヨーロッパのリーグに移籍すると、さっぱり点が取れなくなってしまうケースは少なくありません。それはJリーグの守りがゆるいからです。

2018年3月、日本代表はベルギー遠征を行い、マリと引き分け、ウクライナに敗れました。W杯に出場できない二つの国に勝てなかったことで批判が高まり、その後、ハリルホジッチ監督は解任されました。

イタリアに暮らしている私には、選手や協会と監督との関係といったグラウンド外のことはわかりません。ただ、ハリルホジッチには同情の念も禁じ得ません。というのも、日本の選手にはヨーロッパの一般的な基準で考えると考えられないミスが多いからです。

滑る選手は危険な選手

それを象徴するようなシーンは、毎週末のＪリーグの試合で目にすることができます。中でも私が特に問題視しているのが、スライディングタックルです。

その種のタックルは多くの場合、ポジショニングのズレから発生します。

守備の局面で、Ａ地点からＢ地点まで15メートルを走らなければならない状況があると考えてみてください。このとき、15メートルを猛ダッシュするも間に合わず、最後に勢いよく〝滑って〟しまう日本人選手は実に多いのです。

一方、イタリア人選手はプレー状況からボールの動きを予測し、あらかじめ5メートル移動しておきます。すると必要な走行距離は10メートルで済み、一か八《ばち》かのタックルを仕掛けるような事態を回避できるのです。子どものころから「がんばって走るな」と教えられているイタリア人らしい発想です。

イタリア人は子どものころから、「タックルだけはするな!」と口酸っぱく教え込まれています。というのも、タックルを外された選手は、その後のプレーに関与できなくなってしまうからです。これをもう少し具体的に書くと、「前を向いてボールを持つ敵にはタックルをするな」というニュアンスになります。

イタリアの育成現場では、「滑る(タックルする)選手は危険な選手」という言葉を頻繁に耳にします。「危険な」というのは、味方を窮地に陥れるという意味。ですからイタリアでは、スライディングタックルは「恥ずべき行為」とされています。状況をしっかりと読み、正しいポジショニングをしていれば、滑る必要はありません。それはあくまでも最後の手段なのです。

世界の強豪国と日本とでは、どうやらこのあたりの認識が違うようです。高校サッカーの名門校の中にもスライディングタックルを戒めるどころか、むしろ推奨している指導者が数多くいるのが現実です。

がんばらなければ追いつける

実は今まで長々と書いてきたことは前置きにすぎません。私が伝えたいのはこれからです。

日本人選手の課題について述べてきましたが、その能力の高さを私は長い取材によって知っています。ボールを扱うテクニックはイタリア人に引けを取らず、役割を忠実に実行しようとする勤勉さ、複雑なシステムを理解して実践する賢さは、日本が上回っています。

それだけの資質に恵まれた日本人が、弱点であるポジショニングを身につければ、間違いなく強くなります。ヨーロッパのトップに追いつくことも決して不可能ではありません。

最大のキーワードは「休む」です。

日本の選手が大事な場所に穴を開けてしまうのは、幼いころから「走れ走れ」と言われ続けているからかもしれません。常にがんばっていないと不安になる。そんなまじめな日本人気質が、ポジショニングのミスにつながっていると私は考えています。

動く必要がない局面なら、正しいポジショニングをして、敵が向こうから来るのを待ちましょう。イタリアの子どもたちが週に4日も休んでいるように、日本人は試合の中で賢く休めばいいのです。

しっかり休んで溜め込んだエネルギーを勝負どころで爆発させる。こうした習慣を身につければ、日本はもっと勝てるはずです。

サッカーをもっと楽しく遊びましょう。

そして日常生活でも試合の中でも、賢く休みましょう。

私が伝えたいことは、これだけ。

休むことでケガは減り、サッカーは楽しくなり、もっと試合に勝てるようになるでしょう。そして何よりうれしいことに、この素敵な遊びを一生続けることができるのです。

あとがき

イタリアに暮らし始めた20年前、ロベルト・バッジョのサッカーを目の当たりにしていた私の頭の中には、こんな思いがありました。

「この国のサッカーが強いのは、優れた戦術やトレーニング方法があるから。それらを日本に伝えて、日本サッカー界の発展に貢献したい」

やがて息子が生まれ、息子とともに街クラブでのサッカーを体験するようになると、私の思いは少しずつ変わっていきました。

イタリアの戦術やトレーニング方法は、確かにとても優れています。しかし、イタリアサッカーの足下には、それ以上に大切な何かが根付いていることを、街クラブにかかわる親子たちは教えてくれました。

それはスポーツが本来持つ〝楽しさ〟です。

スポーツという言葉は、deportare（デポルターレ）というラテン語に由来するそうです。

デポルターレとは、「運び去る、運搬する」の意。転じて、精神的な次元の移動・転換、やがて「義務からの気分転換、元気の回復」、仕事や家事といった「日々の生活から離れる」気晴らしや遊び、楽しみ、休養といった要素を指します[28]。

つまり、他者に強いられることなく自由に自分を表現することが、スポーツ本来の目的なのかもしれません。

サッカーに興じるイタリア人たちは、このラテン語のデポルターレを今日も全身で表現しています。

子どもたちは無我夢中でボールを蹴り、ときにゲラゲラ笑い転げ、審判に遠慮なく食ってかかる。父親たちも審判や敵を盛大に野次って、こちらもゲラゲラ笑っている。

イタリアに来たばかりのころの私は、そんな光景を目の当たりにするたび、正直げんなりしていました。

28) スポーツ庁Web広報マガジン『DEPORTARE』(2018年3月15日)

「こいつらは、いったい何なんだ……」

規律を守り、苦しみを乗り越えて勝利を目指す。そんな日本式スポーツの信者であった私の目には、イタリア人の取り組みはふざけているとしか映らなかったのです。

しかし、やがて私の考えは変わり始めました。

スポーツは日々の気晴らしにやるもの。楽しくやるから上手くなる。十分に休養すればケガも減る。だからこそ新鮮な気持ちを持ち続けることができる。そして結果も出る。

そう、デポルターレを体現するイタリア人から、私は多くを学びました。

この本を書いている間、日本のスポーツ界ではさまざまな問題が表面化しました。大相撲では横綱による暴行事件があり、レスリングではコーチによるパワハラ騒動がありました。さらには、日本大学アメフト部の危険タックル問題が国民的関心事になりました。

数えきれないほどの記者や評論家、専門家が、これらの問題について語りました。

多くの人が議論に参加するのは、とてもいいことです。スポーツについて考える、いいきっかけになったと思います。

ただ、この様子をイタリアから眺めていた私には、ちょっと気になることがありました。

それは学校がスポーツを主導することの危うさについて語る人が、ほとんどいなかったということです。

近年、日本では、学校を離れたクラブチームでサッカーや他のスポーツに取り組む子どもが増えてきました。とはいえ大半の子どもたちは、今も学校の部活動の枠の中でスポーツを続けています。

学校がスポーツの受け皿になることには、二つの弊害があります。

一つは、競技の専門知識を持たない教員が子どもを指導するケースがあること。もう一つは、スポーツの成績が進学や就職のための材料になるということです。

サッカーの専門知識や経験を持たない監督が、「人間教育」という大義名分のもと、ときに無根拠で危険な練習を子どもたちに強いる。進学や就職を〝人質〟に取られた子どもたちは〝指導〟を受け入れざるを得ず、理不尽な物事に対しても「ハイ!」と答える癖がついていく。

一人の部活経験者として、またイタリア人のスポーツ観を知る者として私は、これこそが猛練習や体罰が日本で黙認される最大の要因だと確信しています。

もちろん、大勢の部活の指導者が日々、地道な努力を重ねていることを私は知っています。そして、「これはおかしい!」と声を上げる勇敢な子どもたちがいることも。しかし、日大アメフト部のタックル問題に象徴される日本のスポーツ指導の諸問題は、こうした日本独特の構造と無縁ではないでしょう。

サッカーを学校から切り離し、地域のクラブがその受け皿になる。正しい専門知識と経験を持つ指導者が本当の指導を行うようになれば、猛練習によるケガや体罰はなくなり、子どもたちは心からサッカーを楽しめるようになるはずです。確かにソフト・ハード両面で課題は多くあるでしょう。しかし、それは十分に乗り越える価値のあるハードルだと私は思います。

幼いころから、私は夏の甲子園の高校野球や冬の全国高校サッカー選手権が大好きで、夢中になってテレビを観ていました。しかし、イタリアに移住し、この国の人々のスポーツ観に触れ、猛練習によるケガや上下関係に嫌気がさしてサッカーをやめた多くの日本の若者を知り、私の部活に対する考えは大きく変わりました。

日本スポーツ界は、部活をやめなければなりません。

日本中の子どもたちに純粋な気持ちでサッカーを楽しんでもらうためにも、そして日本代表がいつか世界一になるためにも、これは避けては通れない道です。

〝部活のない国〟に住む日本人として、これまでに私はさまざまな媒体で部活の弊害を訴えてきました。

とはいえ、ローマは一日にしてならず。部活を発展的に解消するためには、長い時間がかかります。

やがて私は、熱心な親御さんや指導者のみなさんに、今すぐにでも始められることを勧めるようになりました。それは、いわゆる〝サッカー先進国の最新トレーニング〟ではありません。考え方をちょっと変えるだけのことです。

サッカーは思うようにいかないスポーツです。ボールを手で扱うことはできず、次から次へと敵が邪魔してきます。高く舞い上がったボールを、ぴたりと足下に止める。それができただけでも一つの奇跡です。

〝Nel calcio non va sempre come si vuole（サッカーは上手くいかないもの）〟

実はこれ、イタリアの育成現場でよく耳にする言葉です。

イタリアの指導者や父親たちは、子どもがミスをしても、試合に負けても怒りません。それは「子どもたちが、サッカーという難しい物事にチャレンジしている」という思いがあるからです。

今までできなかったことが、できるようになる。

これこそがスポーツ本来の喜びではないでしょうか。たくさん失敗すればするほど、成功したときの喜びもまた大きくなっていきます。

サッカーは上手くいかないもの。だからこそ、楽しい！

この一文がみなさんの心に響いてくれたなら、それだけで私のイタリアでの20年が報われる思いです。

今日もまた、イタリアは〝カルチョの休日〟。いつものように、ダゼーリオ広場からわんぱく坊主たちの笑い声が聞こえてきます。

宮崎　隆司

２０１８年６月７日
小清水のふたりへ

〝蹴球3日〟の長いシーズンを遊び終え、たくましさを増したフローリア2003の子どもたち。シーズンラストのミニ大会では、並み居る強豪を撃破して見事に優勝！　そして待ちに待った〝バカンス〟が始まった!!

【著　者】
宮崎隆司（みやざき・たかし）

イタリア国立ジャーナリスト協会会員。イタリア代表、セリアAから育成年代まで現地で取材を続ける記者兼スカウト。元イタリア代表のロベルト・バッジョに惚れ込み、1998年単身イタリアに移住。バッジョの全試合を追い続け、引退後もフィレンツェに居住。バッジョ二世の発掘をライフワークに、育成分野での精力的なフィールドワークを展開する。圧倒的な人脈を駆使して、現地の最新情報を日本に発信。主な著書に『イタリアの練習』（東邦出版、2009）ほか。サッカー少年を息子に持つ父親でもある。

【構　成】
熊崎敬（くまざき・たかし）

世界50カ国でサッカーを観戦した、旅するスポーツライター。「サッカーの本質は路地にあり」を信条に行く先々で危険地帯に潜入。実体験を元にした、独自のサッカー観に定評がある。主な著書に『サッカーことばランド』（ころから、2018）、『日本サッカーはなぜシュートを撃たないのか？』（文藝春秋、2014）、『北海道日本ハムファイターズあるある1』（TOブックス、2013）『北海道日本ハムファイターズあるある2』（TOブックス、2015）ほか。

カルチョの休日
イタリアのサッカー少年は蹴球3日でグングン伸びる

発行日　2018年8月5日　第1刷
著　者　宮崎隆司
発行者　清田名人
発行所　株式会社内外出版社
〒110-8578 東京都台東区東上野2-1-11
電話　03-5830-0368（販売部）
電話　03-5830-0237（編集部）
http://www.naigai-p.co.jp
印刷・製本　日経印刷株式会社

ISBN 978-4-86257-373-5